命理生活新智慧・叢書 75-2

對你有影響的

身宮、命主、身主

《修訂二版》

金星出版社 http://www.venusco555.com
E-mail: venusco555@163.com
venusco@pchome.com.tw
法 雲 居 士 http://www.fayin777.com
E-mail: fayin777@163.com
fatevenus@yahoo.com.tw

法雲居士⊙著

金星出版

國家圖書館出版品預行編目資料

對你有影響的身宮、命主、身主／
法雲居士著， --臺北市：
金星出版：紅螞蟻總經銷，
2011年3月 修訂二版； 冊 ；公分—
（命理生活新智慧叢書；75-2）

ISBN 9789866441356（平裝）

1.紫微斗數

293.11 100000277

對你有影響的

身宮、命主、身主《修訂二版》

作　　者：法雲居士
發 行 人：袁光明
社　　長：袁光明
編　　輯：王璟琪
總 經 理：袁玉成
地　　址：台北市南京東路三段201號3樓
電　　話：886-2-25630620，886-2-23626655
傳　　真：886-2365-2425
郵政劃撥：18912942金星出版社帳戶
總 經 銷：紅螞蟻圖書有限公司
地　　址：台北市內湖區舊宗路二段121巷19號
電　　話：(02)27953656(代表號)
網　　址：http://www.venusco555.com
E-mail：venusco555@163.com
venusco@pchome.com.tw
法雲居士網址：http://www.fayin777.com
E-mail：fayin777@163.com
fatevenus@yahoo.com.tw

版　　次：2011年3月 修訂二版 2021年06月 加印
登 記 證：行政院新聞局局版北市業字第653號
法律顧問：郭啟疆律師
定　　價：350元

行政院新聞局局版北字業字第 653 號

ISBN :9789866441356（平裝）

序

這本對你有影響的『身宮、命主、身主』是這一整套『對你有影響的』書中的第十四本書，也是這整套書的最後一本。其他還有『權祿科』、『羊陀火鈴』、『十干化忌』、『天空、地劫』、『殺破狼』上下冊、『昌曲、左右』、『紫廉武』、『府相同梁』上下冊、以及『日月機巨』上、中、下冊等書。

在這一整套的『對你有影響的』的書中，把所有的甲級星曜以及影響人靈魂深處、牽動人天生性格、情緒及思想走向的關鍵資訊宮位，都詳加解釋，因此這套書是可以說是：目前最新、最完整的算命理論型套書了。

最近有一些50歲、60歲的朋友，有了失業的煩惱，特從國外回來找我算命，有些是從美加地區回來，有些是從大陸及泰國、新加坡回來的。一方面是看了我所寫的某些書籍，開始對自己的人生產生了諸多疑問，想來問一問，另一方面是自認命格不差，為何在六十歲了，還兩袖清風，雖吃飯沒問題，但沒有太多的積蓄和財產，還有小孩子還不能獨立要養，在財務方面仍捉襟見肘，故而想來找我檢討及分析他們的人生，到底是在那些關節沒做好，而存不了很多錢！

在以前，一般算命師對於六十歲以上的朋友是不算命的！因為六十歲已至養老的年紀，不需要打拚了，人生的競爭、奮鬥也告了一個段落，可以無冀無求了，所以不需要算命了，但是現今經濟不景氣，工作環境與制度的變化很大，所以很多人會被迫在五、六十歲轉業，或得繼續工作，因為通貨膨脹很快，財富也縮水得快，再加上小家庭的生活形態，更是誰也幫不了誰，誰也管不了誰。

其實，當我看到這些人的命盤上所展出他們在人生中所會經歷的問題，都是不一樣的。有些人是因為婚姻不順，結了兩、三次婚，有些人雖沒離婚，但是人生起落分明，他本人只是隨著命運的起伏擺動而已．但已昏頭轉向無法重新站上船頭奮勇前進了。

所幸的是這些人還想弄清楚自己人生的波濤及漩渦是怎麼樣在起伏旋轉的，想知道自己是否還有機會反敗為勝？是否還能用剩下的人生創造更多的財富和機會？

很多人會用自己的命盤和我的書中內容來比對，但是書中的內容雖已講得很細膩，但仍不能完全貼切的符合每個命格的實際問題。也可以說，某些命格和書上所說的仍有一些差距，這就是因為命格要整體來看，要算清楚財富的規格，最好要以『八字』為準，八字帶財多，就是屬於命中多財。八字財少，即使命格中有祿存、化祿，仍是人生辛苦面多，而所得之享受少的。

另外講到為何五、六十歲了，還為錢財及工作苦惱，這一方面是大運運程的關係，另一方面，就是這本書要談之『身宮、命主、身主』的問題了。『身宮、命主和身主』都和本命有關。所以請大家平心靜氣的研究這本書中所說的一些特別的命理知識吧！

法雲居士　謹識

命理生活叢書75-2

《修訂二版》

身宮・命主・身主

目錄

第一章　身宮的意義和對人的影響

在紫微命理中，屬於太陽所管轄的是命宮，所以命宮又為人之太陽宮位，屬於月亮（太陰）所管轄的是身宮，所以身宮又為人之月亮宮位。此種特質和西洋十二星座中所談人之太陽星座和月亮星座是一樣的。因為不管是中國命理或西洋算命，都是從我們人類生活的地球上來觀望天空日月星曜所形成的算命方式。

身宮管人潛在意識及陰暗的一面

由此你也可知命宮是屬陽的，是管人性陽性的、明顯的、外表

▼對你有影響的『身宮、命主、身主』

的、展露於外的，朝氣蓬勃的，正直的，陽剛的、正派的、熱烈的、積極的、快樂的、奮發的、正面的，那些方面的事情。而身宮是屬陰性的，是管人陰性一面、潛在意識、內心深處、潛能、深藏於內，前世遺留的殘影，含蓄的、天生根植於內心的觀念，同時身宮也是『元神』之所在的地方，是人的靈魂、精神的棲息之所在地。

身宮代表前世累積之福祉

另外也可說是：命宮是看人在陽世間的富貴窮通。而身宮是可看或可推論前世累積善惡福祉的地方。例如說：命宮裡有福星天同或天相，而身宮中有殺星，或羊、陀、火、鈴、劫空、化忌，就表示說：此人前世所累積之福德並不好，這輩子實際上也會奔波操勞一場空。這輩子你表面看起來愛享福，好像有福，命運稍有起伏，但實際上命格是受刑剋的，你的奮發力會沒有別人好，自然這輩子的富貴不如別人。

身宮代表人內心的渴望和價值觀

身宮代表人內心的渴望。常常人命中財少的人，或財不多的人，其身宮落在財帛宮，非常愛錢，但因命中財少，又愛錢愛不到，但為人慳吝小氣、刻薄待人，也做人勢利，常以金錢價值為衡量人、事、物的標準，雖然自己並不富有，但鄙視和自己一樣窮的人，喜攀附權貴，因貪赧而寧願遭受白眼或不公平對待。其實這也是一種刑剋，在此人的本命中就會因自己價值觀的問題，讓自己潛在意識所渴望的財富不容易得到。要得財、得富貴是需要人緣機會的幫助的。

太勢利眼的人，往往太主觀、太霸道與固執，自以為某些人會對他好，某些人會對他沒幫助，往往這種選擇是有誤差的，因此渴望和實際有很大的差距。

又例如身宮在財帛宮，財帛宮中又有天空、地劫的人，表示你內心的渴望是在賺錢這方面上，但是你卻常想些清高、不賺錢的事，或是做一些無用的事為手段去賺錢，自然賺錢的方式太過空泛，就賺不到那麼多了（沒自己想像中那麼多），同時，你也會在理財能力上常有空洞的規劃，常漏失或耗費一些錢財。同時也表示你有時手緊財窮時，特別愛賺錢，手邊還寬裕時，就不太積極去賺錢了。所以身宮落在財帛宮又有劫空的人，是事與願違，天不從人之願的人。**倘若你的福德宮還不錯**，表示你天生是享福的人，你本不該為錢煩惱、操勞，但你是頭腦不清楚的人，煩惱錯了方向，以致於無福享受自己天生的財祿。**倘若你的福德宮也很差**，有殺、破、刑星等星值宮，表示你天生本命就窮，財的來源就不佳，此刻手中的錢財也留不住，錢財會像過眼雲煙，故你適合做宗教業，空門棲身得財生活。

身宮代表人在此世（活著的這一輩子）**的價值觀**，身宮在官祿宮的人，是此世拚命工作來創造基業及財富的人。你以工作、事業為重，也會天生認為自己的雙手萬能，只要靠自己努力便能打天下，得富貴，因此你很孜孜不倦的努力，來創造你人生的價值，但是此身宮中亦不能有羊、陀、火、鈴、劫空、化忌，否則人生的層次會不高，或人生中多起伏不定，工作也會斷斷續續或做做停停，況且身宮中有羊陀的人易於為人做僕役侍從，人生的層次就會不高了。此生你所努力的程度也會打了折扣，這是天生刑剋的問題，你頭腦的聰明朝向古怪的、不利於自己的方面去聰明了，東懷疑、西懷疑的，正事沒做、笨事做一堆，自然不利工作績效和事業的成長而人生層次不高了。所以你的價值觀很要緊！人生的命運就是由層層的不同的渴望和一層層築成的價值觀所累積或選擇、捨棄某些觀念，漸漸構築而成的命運旅程，有關於人腦中觀念和內在潛意識的糾葛形成，是非常複雜的，現今的科學家們還正在研究之中。

身宮代表天生之福德

身宮代表天生之福德，在很多地方會顯現的。例如有太陰星在身宮中出現時，易於隨母改姓，離祖過房，人生較坎坷。最好重拜義父母，或由別人養大。此種命格的人，幼年便十分辛苦了，一生也易飄蕩不安定。這也是尚未出生，便在冥冥之中已有了委曲不順之命運。

又例如：有擎羊、陀羅、殺、破、狼之星在身宮的人，容易做奴僕之人，以前我曾看過一個總統侍衛的命格，此人雖官階很高，對普通人來說也權力很大，但是身宮有殺星，仍為侍候主子之人。這種人有一個特色，就是在思想上是非黑白並不重要，但忠心某人卻很重要。這也是會善於看人臉色，仰人鼻息，亦步亦趨過日子的人。

身宮代表人此生的財富規格和人生形態

身宮代表人此生的財富規格，例如**有財星居旺在身宮裡的人**，是先天就財多的人，此生來到這世界也會富貴多財、享受好，如果加了一、兩個煞星，就是財富的等級略差了。**如果是天同、天相、天梁等福星、蔭星居旺在身宮中**，表示能安享祖上或長輩給的財，也能一生平順，不需要多辛勞。如果福星居陷或蔭星居陷在身宮中，就會貧窮、操勞、奔波，生活不平靜、不富裕了。如果是羊陀、殺、破之星在身宮之中，居旺時，尚能仰人鼻息，靠人賞賜而得富貴。居平陷及煞星多時，會辛苦、窮困，周轉度日，錢財始終存不住。這是因為先天本命財不多，後天的觀念思想又不帶財，是先天、後天的命運都受到刑剋的關係。

身宮所代表的人生形態，其實是很明顯的，當身宮在命宮時，是想怎樣就怎樣的人，例如紫微坐命，又身命同宮的人，因紫微是超級復元、趨吉之星，又是愛享受、享福、享受尊貴之星，要享受最好的，如帝王般之享受，又天生不會遇什麼災害，別人都會尊敬他，凡事讓他，即使有壞事發生在他身上，也會曲迴轉折、變化多端後又轉好了，所以其人太享福，過得太舒服了，加上別人對他的言行又多不反抗，因此其人容易自以為是，而學習及上進的機會少，人生的成就不會太大。因為其人生形態都多半在享福及享受物質生活的快樂中度過了，一生也沒有錢財上的大煩惱，故也不須要太有上進心了。

又例如身宮在財帛宮的人，又財帛宮為空宮無主星時，其人是愛錢的人，自以為是愛錢如命，但實際上會不知如何來愛錢，錢財是空茫的，不多的，此時要看福德宮的形式為何，才知道實際上財會從那裡來，此人會終身忙碌，東忙西忙，但未必會擁有許多財。如果福德宮好，就是財的來源好，你是身在福中不知福的人，自己愛忙。如果福德宮不佳，則是先天命窮，勞碌是肯定的，而且不易停止，所以人生的形態和規格實際上已顯示得很清楚了。

如果身宮在財帛宮，又有擎羊入宮，表示愛錢得很辛苦，因為始終有人、事、物與你心愛的錢財做對，所以你能擁抱大錢財的機會很少，你會愛錢愛的牙癢癢的，會賺低聲下氣的錢，也會賺辛苦勞力血汗所換來的錢，例如做佣人、打雜、打掃、廚房工作，或是開車的司機、園丁、跟班、助理之類的工作來賺錢。自然你的人生形態就是仰人鼻息及低聲下氣，常內心不平衡的形態了。如果你的周圍又有一個自以為高尚的人存在，你天天內心的不平衡會衝擊著你，只要你心不順氣不爽，便財難進，會失去工作或損失財，你就更是心難平靜了，因此錢財就是刑剋你人生運氣的大事。不過你這輩子都很難看得開這一點，你往往口是心非的說你不在乎錢財，又對別人太好，太大方，其實只要和你相處過的人，便能知道這些被你常掛在嘴邊的假話，其實就是你心中永遠的『痛』，也是你自己永遠看不開的事情。

身宮也代表人天生的性格善惡與氣質

身宮是人潛在意識、『元神』所在之處，也是人內心深層的想法，身宮中有吉善之星，表示人會正派、處事公道，做事會遵行法度，心存善道。其人顯露於外的氣質也會高尚、正派、受人尊敬。

身宮如果有凶惡之星，其人也多狡詐、做事進退不一、不厚道、內心險惡。其人顯露於外的氣質也會畏縮或獐頭鼠目，或不正派、下賤、受人鄙視。例如：會從事娼妓及聲色場所上班的人，身宮必有殺破、煞星、凶惡之星，又例如做喪葬業者，其身宮也必有強勢的煞星，否則無法在那個環境工作及待得下來。

身宮代表人生命資源的多寡及壽命長短

身宮代表人生命資源的多寡豐厚。身宮中有天梁、貪狼、天機、天同等星又在旺廟之位的話，是生命力堅強的人，也會長壽，和生命資源豐富、智慧高，懂得生存的道理。

身宮中有殺、破之星或四煞羊、陀、火、鈴，以及劫空、化忌等星，表示生命資源有問題或匱乏欠缺，其人身體容易有病痛，也容易早夭。

例如：我在《假如你是一個算命的》這本書中曾提及雙胞胎的算命法，以章孝嚴兄弟為例，同卵兄弟論命，命宮相同，弟弟則身宮移後一位，異卵兄弟，則命宮各異，出生時間也會不同了。出生時間容易橫跨兩個時辰的中間界線，例如兄出生在申時和弟出生在酉時，面貌性格也會不同，人生際遇會不一樣。

同卯兄弟會相貌相似，表面性格也類似，內心不一樣（因身宮不同），章孝慈的身宮移後一位，為七殺，故早逝。而章孝嚴的身宮在財帛宮為天梁陷落。某些出生時就有病，或是帶病延年之人，皆是由於身宮有煞星刑剋的關係。

身宮代表母系遺傳資源

在命理上，命宮是太陽星系，代表父親系統的遺傳因子。也代表外表看得見的病或傷殘。如果命格上有刑剋傷殘、帶病，則多半為父系遺傳的病灶。例如有位朋友是天同、擎羊在卯宮為命宮，有先天性手足傷殘，出生後就有傷殘現象，是外表能看得見的，也是父親系統遺傳的因子不佳所造成的。某些疾病是母親系統會遺傳的，屬於太陰星系的病灶，也為身宮所顯示的病灶。例如羊癲瘋、免疫系統失調、淋巴癌、白血病、地中海型貧血症等。這些病由外表一眼尚無法看出，因為是藏在身體裡面的，又例如腎水虧損、虛弱，而無法生育，這也是種傷殘現象，這是由身宮所會顯示的。某些出生時身體尚好，但年長才受傷災而傷殘，此人之身宮也必有殺破不吉之星，要早做預防，而不致傷殘太嚴重。

如何幫子女找一個好主辰

第二章　身宮的格局

1. 『文武格』

『文武格』是指有文曲、武曲在身宮、命宮是也。主要是以武曲、文曲同在辰宮為身命同宮的格局為佳。如果武曲在辰宮為命宮，文曲在戌宮（指午時生人），則文曲是陷落的，又和貪狼同宮，不利口才，一生的運氣會不熱鬧，其人也會糊塗，也不算好運了。如果武曲在戌宮，文曲及身宮都在戌宮同宮，武曲會在戌宮是受剋的，財祿沒那麼多，較窮，再加上口才不好、太靜、沒話說，故有耗財現象。如果武曲在戌，文曲在辰，又身宮落於辰宮為遷移宮的話，則雖並不很富裕，但環境中機會多，亦有翻身大富之機會，要看大運及年運為何了。

《紫微斗數全書》中有 詩曰：**格名文武少人知，遇此須教百事通，正值命宮無殺破，滔滔崇顯是英雄。**

由此可知『文武格』，必是武曲財星居廟，也必要文曲居廟，文曲是人的才華和環境的熱鬧、繁華，才能有機會展現自己的才華。所以只有在文曲及武曲居廟、居旺時，能形成『文武格』。其他如武破遇文曲為窮的格局，武殺遇文曲，亦為窮的格局，才華不佳，才華不帶財而無用。若文曲、文昌和武貪同宮於丑宮則四星皆居廟，在未宮則文昌居平、文曲居旺。雖然才華多又運氣好，但昌曲同宮並坐為桃花格局，會愛享福。又昌曲和貪狼形成糊塗格局，因此易受桃花情事影響成就不佳或遭杖責。若武府加文曲為身宮同宮時，在子宮，武曲居旺，文曲也居旺，但文曲會助武府多增加財方面的增多或繁華，利於做生意。離做英雄主貴的榮顯會差很多，不為『文武格』。在午宮時，文曲會落陷，武曲居旺，天府居廟，陷落的文曲會刑剋武府的財及機會，也會變得沒有才華，因此也無法達到『文武格』的標準。

2. 『君子在野』格

『君子在野』是指四煞星：羊、陀、火、鈴守身宮，臨陷地是也。也就是說有擎羊、陀羅、火星、鈴星，在居陷的位置上入身宮或命宮，稱之。表示其人性格思想不善，內心良善的君子德性躲藏起來了，而邪惡之念猖狂，故會為非做歹，做鼠竊偷盜之輩。

3. 命好、身好、限好，到老榮昌 命衰、身衰、限衰，終身乞丐

此句出於『斗數骨髓賦註解』。**其意為**：命宮、身宮、大運、小運二限運程皆好，有吉星在宮內或運氣皆逢到好運時刻，則一生到老都會榮耀昌盛、富貴享通，享福不已。如果命宮、身宮、大小運限逢福星陷落、運星陷落或財官之星皆居陷落之位或有刑煞相剋嚴重的，則會一生貧困，如乞丐之命，主貧賤了。

4. 先貧後富，武貪同身命之宮

此句出自《斗數骨髓賦註解》。**此意為**：武貪坐命丑、未宮者，又為身命同宮之人，是早年（幼年）貧困，三十歲至三十五歲以後

會發富之人。此人身命宮內要無化忌、劫空才行。

5. 立命便知貴賤，安身即曉根基

此句出自《斗數骨髓賦註解》。整句是：『要知一世榮枯，定看五行之宮位。立命便知貴賤，安身即曉根基。』

此意指：論人命時，想要知道此人一輩子的好壞命運，一定要看命坐命宮，宮位在金、木、水、火、土五行之那一方的宮位。例如命宮在寅宮、卯宮，或辰宮為在『木宮』之宮位。例如命宮在巳、午、未等宮為『火宮』之宮位。命宮在亥、子、丑等宮為『屬水』之宮位。又例如命宮在寅、午、戌等宮為火土宮位，命宮在申、子、辰等宮為水宮之宮位，命宮在巳、酉、丑等宮為屬金之宮位。命宮在卯、亥、未等宮為屬木宮之宮位。命宮定五行之位後，再看命宮內之星為何，星曜旺度為何，看命宮主星便可知其人一生富貴、低賤之命格。看身宮落於何宮，便立即知曉其人生資源的根基好不好、長不長壽，本命財多不多了，或是健康的程度好壞，努力奮發的力量與堅持力強不強了，未來成功的機會有多少了，一生的享福、享受成功的機率為何。

6. 『天機天相命身中，帝令財星入墓宮，天府若居遷動位，平生定是做奇工。』

此句出於《紫微斗數全書》中，論『人命有無藝術者』條。

此意義為：命宮、身宮中有天機星和天相星的人，錢財多半不多，是剛夠用而已，命運中彷佛財星被鎖入墓宮被看管起來不能動了。天機坐命的人，財帛宮必有天同星，除機巨坐命者的財帛宮為天同居廟之外，其餘皆為天同居平或居陷，財不豐。天相坐命者，其財帛宮皆有天府星，也是旺弱不同，是中等以下之財，並不見得是大財，故也都不算富裕。

下句天府若居於遷動位，遷動位指的是遷移宮，其人必定是做精巧之工的人，指有專門技術而言。

7. 『七殺臨身終是夭，貪狼入廟定為娼』

此句出於《紫微斗數全書》中之『論壽夭淫蕩』條。

此句意為：身宮有七殺星一定早夭、壽短。貪狼在身宮者，其人會做娼妓。（意指其人的觀念是貪財好色），若是女命即使犧牲自己的身體也再所不惜的想得到財與色，達成自己的貪念，因此女命為貪狼入廟位坐命者，也易有性開放之行為。

8. 『身命兩宮俱有殺，貪花戀酒禍猶深，平生二限來符會，得意之中卻又沈』。

此句出自《紫微斗數全書》中論『壽夭淫蕩』之詩曰條。

此句意義為：身宮及命宮都有殺星時，其人為好酒色之人，迷戀花酒，不務正業，會以酒色招災遭禍，平生之中有大運和流年有殺星來逢到，人生是在起起伏伏中渡過的。

9. 『命中羊陀殺守身，火鈴坐照福非輕，平生若不常年臥，也作陀腰曲背人』。

此句出於《紫微斗數全書》中『論人殘疾』詩曰條。

此句意為：命格為有擎羊、陀羅或七殺在身宮，再有火星、鈴星同宮或相照時，容易常年臥病。即使不臥病在床，也會是羅鍋駝背腰挺不直之人。

10.『命逢破耗與貪貞、七殺三方照及身，武曲更居遷動位，一生面背刺痕新。』

此句出於《紫微斗數全書》中『論定人作盜賊』詩曰條。

此句意為：當人命宮有破軍與貪狼或廉貞時，有七殺星在三方（指三合宮位）為身宮時，武曲更易變動不住錢，其人一生臉面或背部有犯罪的標記刺痕很清楚、清新明顯，表示常犯罪。此指人會窮困『因財被劫』而常做盜賊。

11. 『吉曜相扶凶曜臨，百般巧藝不通亨，若逢身命遇惡曜，只做屠牛宰馬人。』

此句出於《紫微斗數全書》中，『論定人身駁雜』詩曰條。

此意義為：命宮中有吉星和凶星一起同宮的人，會是做專業技術工作都做不好的人，倘若再為身命同宮又有煞星存在時，其人會做屠宰牛馬的人。

12. 『財與囚仇』格

『財與囚仇』是指武曲在命宮、廉貞在身宮，稱之。武曲金會受廉貞火的刑剋，以致於窮困或進不了財，或耗財了。

13.『身坐空亡論榮枯專求其要』

此句出於《紫微斗數全書》中『斗數準繩』之文字。

原句是：『命居生旺定富貴各有所宜，身坐空亡論榮枯專求其要。』

其意為：命宮主星居生旺之位的，會有富貴，但是各種不之富貴。身宮中有空亡同宮時，要考查其一生成就高低，是否能有榮顯或不順之事，就要特別看身宮中還有何星和空亡同宮並坐，專門考察此星就可以了。

14.諸凶在緊要之鄉最宜制剋，若在身命之位卻受孤單

此句出於《紫微斗數全書》中之『斗數準繩』之文字。

其意義為：所有的凶星、煞星在重要宮位，以及居陷位時，最好要有星來剋制它。倘若是煞星、凶星在身宮、命宮之中，是容易有孤單之苦的。

15. 身遇殺星不但貧而且賤

此句出於《紫微斗數全書》中之『斗數發微論』。

此句意為：身宮有七殺星或四煞、羊陀、火、鈴，走貧窮而且下賤，命不值錢。

16. 『巨暗同垣於身、命、疾厄、羸瘦其軀』

此句出於《紫微斗數全書》中之『重補斗數轂率』。

此句意為：巨門星出現於身宮、命宮及疾厄宮，會身體瘦弱羸黃。

17.『七殺臨於身命，加惡殺必定死亡』

此句出於《紫微斗數全書》中之『太微賦』。

此句意為：身宮、命宮中有七殺星，再加擎羊、陀羅，必主死亡。尤其以『七殺、擎羊』最凶，刑剋最重。

18.『廉殺於身命，折股傷股反主癆傷』

此句出於《紫微斗數全書》中『諸星問答論』『歌曰七』，七殺條。

其意為：身宮、命宮中有廉貞、七殺二星同宮之人，會有大腿股、臀部受傷骨折、又易有肺部癆病的病症。

第三章　身宮所處的宮位及代表意義

在紫微命理中，排盤的第一步，就是利用月份和時辰來找出命宮及身宮，因此，在程序及地位上，身宮是和命宮同等重要的。只不過命宮屬於太陽星系的方面，代表顯而易見、展現於外表的特質氣質，而身宮則屬於太陰星系的方面，代表內在隱藏、潛在於靈魂的氣質而已。

身宮會落於『一、三、五、七、九、十一』等宮位

身宮會落於『第一、第三、第五、第七、第九、第十一』等宮

位。嚴格一點講：身宮會落在命宮、夫妻宮、財帛宮、遷移宮、官祿宮、福德宮等宮，每一種身宮的組合都具有其特別的意義。

1. 身命同宮的意義

身宮落於命宮的人，為身命同宮。此時會加重了命宮主星的特別涵意。命宮如果有吉星居旺時，其人的相貌溫和、聰明、氣度穩重，是一個擇善固執的人，但會有自己特別的脾氣。**例如同梁坐命的人，身、命同宮的話**，外表是相貌溫和、脾氣好、穩重、好講話的人，但是內心也有自己固執、龜毛的一面，對某些觀念或價值觀，或是做人禮數很講究、固執，生起氣來會生悶氣，一爆發出來也會很嚇人的。例如同梁坐命寅宮，又是『身命同宮』的話，同梁在寅宮是天同居平、天梁居廟，是蔭星較強勢、福星稍弱，故身宮又落於此宮時，又有此天梁居廟的星時，此人較操勞、愛管事，會照顧、服務別人，自己家中的事不愛管，喜管別人家的事。這是身宮有蔭星居旺廟時的狀況。倘若同梁在申宮為『身命同宮』時，因為天同居旺、天梁陷落，故是以福星較強勢，人生會以享福為人生最積極的渴望，這就和身宮在福德宮而喜歡享福是很類似的了。這個命格是享得到福的，而且每日腦子裡全是怎麼對自己好，對自己有利之事，例如吃喝玩樂，都很重要。如果再是丁年生的人，身命同宮為同梁在申，又是有天同化權的人，那他一生就是為了愛享福的事、吃喝玩樂的事來生活及運行生命時光的。也就是說他一生的人生目標與目的，就是來玩樂享福、享受的。他會把工作的內容，生財的方式、日常生活的生活模式，以及與家人、愛人的感情模式，通通都建築、建立在吃喝玩樂上面。他會與家人、愛人的相

▽對你有影響的『身宮、命主、身主』

處，就是帶他們出去玩、去烤肉、露營，或遊山玩水。做工作就做策劃員工旅遊的工作，或是替機關團體辦活動、做團康遊戲或開展覽、園遊會之類的活動，或是開餐廳、遊樂場、酒店或民宿之類的工作。這個人常當工作就是遊戲，遊戲就是工作，是常無法劃分清楚的。而他想過這樣生活的意念，完全是出自他本身腦子自出生開始就有的意念想法，是打自娘胎就有的固執想法了。所以很多父母不瞭解小孩，老是要幫子女做與他原本想法不一樣的決定、抉擇，例如讀什麼科系、選何種職業，配偶等等……，其實除非你和子女是同一個磁場的人，否則你還是難以為其做決定的。

＊同一個磁場體系的人，是指同是『機月同梁』格的人，或同是『殺、破、狼』及『紫、廉、武』系列的人，這樣你們的觀念和價值觀，以及做事方法會類似。

身命同宮的人，會凡事以自我為中心，重視自我，很討厭別人幫他做決定，也不喜歡別人強力勸說或推銷。如果遇有此事，就會扳起臉孔，一付別人侵害了自己的權益了一樣。要對他們勸說要用柔性的，而且要選對時間，選他肯講理的時間，講完了一定要加一句『請他自己再多想想』。當然他自己一定會想很多的，只要是讓他覺得真是對他有利的事，他就一定肯做肯改了。

身命同宮的人，命宮有煞星時，自然會在思想、價值觀和固執方面是自以是對自己好，但實際是趨向對自己不利的方面。所以在思想、價值觀，固執強悍方面是對自己有刑剋的。

例如有一位女性朋友是『紫微、擎羊』在午宮為身命同宮的人，『紫微、擎羊』是『奴欺主』的格局，有擎羊在身宮，易為奴僕之人，這位朋友做事都做不長，也沒做什麼事，結婚後更愛享福、不工作，她的姐妹要開店，找她幫忙，她捨不得投資，喜歡賺小錢，故為其姐妹當店員，是臨時工，常愛做不做。這就是有擎羊在身宮的人，在思想觀念上，她是可以矮人一等的，倘若是紫微坐命，身命同宮沒有擎羊時，其人是萬萬不可能為別人做，而會自己當老闆的，即使他在別人手下工作，也會獨當一面，為一主管級人物，能管到他的人很少。

身命同宮的人，也要看遷移宮有無煞星沖剋，而會影響你一生的運氣好壞。因為環境也會影響到其人的思想模式和製造天生的、自然形成的處境問題。例如另有一位朋友是紫微坐命午宮，身命同宮的人，其遷移宮有貪狼化忌、祿存，這是『祿逢沖破』的格局，在遷移宮中，但相對的也沖剋命身。這表示環境保守，機會古怪而變少，所以此紫微坐命的人，為孤君無輔的格局，會人生中較孤獨，常常有好運機會出現，其人也會讓其白白溜走。也因為遷移宮有祿存沖剋身宮的影響，其人的出身定不高，父母為小老百姓，沒有良好的家世，也無良好人際關係和人脈，是故他必須靠自己辛苦打拚。需要靠自己辛苦打拚的人，都需要運氣相助，運氣好可擺脫窮困低下的幼年，到中老年時功成名就。運氣不佳的人，只是勞苦奔波的人，一生不得安寧。此人因身命同宮的關係，自己覺得自己很高尚，但只是在一種小格局、小老百姓的生活形態中來高尚，並不能真正的出名，成為社會上、世界上頂級的、有成就的人。所以身宮中雖無煞星，但對宮有煞星來沖剋，也是不行的。

身命同宮的人，常自以為自己說了就算數！別人最好少摻和意見，就是對己的父母、兄弟都是一樣。因此容易受騙，會因為太主觀的意識問題，無法客觀的評斷事情，以致於看不清事情背面隱藏的玄機而失算！這種身命同宮的人，常吃虧。還有一種身命同宮，宮中有巨門星的人，會常煩惱、內心多反覆多想，對人防得很緊，但終於下決心要做時，又會選擇到不佳的選擇而受騙，這種想得多而受騙的人，實際上他腦子中所想、所懷疑的事有很大的偏差了，和別人不一樣，也和當時環境不一樣，算是主題不正確。反而自己較弱的部份易受小人攻擊，自己沒有察覺到。

身命同宮，宮中有煞星、凶星，會有破相、傷疤、殘疾的現象。例如有羊、陀、火、鈴、劫空、化忌在命身中，輕的會破相，重的有殘疾，而且這些是自娘胎中帶來之殘疾。**例如有一位身命同宮有天同、擎羊的人**，生下來就四肢不全殘障。在命理上，這些有傷殘現象的人，是天生受到刑剋的人，不但容易身體有殘障不全，常也會內心有邪惡的想法，這完全是受到極大的刑剋所致的，而且身宮有擎羊的人，是更容易說謊話、奸佞不善的人。這些狀況都可由八字中看得出來，因為一定是官煞強、煞刃多的格局。

身命同宮，有一個問題存在，倘若身命同宮之中的星曜是紫微、天同、天相或天府，皆在居廟的位置時，其人愛享福、愛高級物質享受，這和身宮落於福德宮的人很類似，只是他們運氣較好，而且享受得到高規格的享受，但是享受太多、太好，人會變懶，不利奮鬥、打拚，人生會沒有成就，因為他們一生都有一心想過舒服日子，愛享受的天性而不思努力。

身命同宮時，有七殺星在宮內，一心想打拚、勞碌、容易為人做管家，守著一個財多的主人，把主人的財富當做他的。**有破軍星在宮內時**，一輩子一心想破耗，其人也會有坎坷之身世，身體有殘障或破相、傷殘、自身容易逢到不幸之事，也容易帶給別人不幸之事，宜過空門僧道型的人生。此人一生會大起大落，最終會悟道，此人也會是壽命不長，成敗不一，或一生低賤的人。**有貪狼在宮內時**，居廟、居旺時，其人好貪心，貪財好色，什麼都貪，但也有成就大事的原動力。要小心剛愎自用的問題，以防太固執又走錯路，難以回頭。也要防貪心而遭人暗算。貪狼居平、居陷時，運氣不多，要小心易遇杖責、官非和不名譽之事。在身命同宮，貪狼居廟、居旺時，其人會長壽，活到百歲以上。居平、居陷時，壽短，身體有毛病，要小心。

2. 身命落在夫妻宮

身宮落在夫妻宮的人，都特別喜歡談戀愛。人生大事以感情為重，是一個論情重於論理的人。特別會以自身好惡的感覺，和內心所感受到對方對自己的柔情蜜意的多寡，而來評論對方的好壞。在他們的有情世界裡，除了『情』之外，什麼都沒有意義。所以人生的精神目標就是『愛情』。他們是把愛情看得比什麼都重要的人，倘若失去愛情，人生就沒有意義了，因此失戀時容易自殺。會為情所苦而自殺的人，都是身宮落在夫妻宮的人。另一種身宮落在官祿宮的人，有時也會為情自殺，但這是他的事業和感情糾葛在一起，無法分開，失去愛情的同時也失去事業，故才會心灰意冷的自殺。

身宮落在夫妻宮的人，常以『愛情』及『結婚』為一生之職志。一生所追求的也是這件事。如果戀愛或婚姻順利，則此人一生快活，事業也會做得好，這需要夫妻宮有穩定的星曜如紫微、天同、天梁、天相、天府等星才行，相對的，夫妻宮好的時候，其人是要找能力強的配偶，自己只是站在輔佐的地位上，故你的夫妻宮有上述這些吉星時，你的配偶能力比你強，所以你會只照顧他們的日常生活，而由他們來供養家庭，你們彼此合作愉快，一個主內，一個主外，你甘於幕後工作，所以你的人生最後都有完美的句點。

身宮落在夫妻宮的人，而宮內有七殺星時，表示你喜歡性格強、有主見的人，不喜歡懦弱、拿不定主意的人。你對於愛情有一些高規格的條件限制，因此容易桃花少、不太容易接近你自己真正喜歡的對象。你也會太頑固，如果真正愛上了一個人，會為他做牛做馬的付出，犧牲到底。你可能忘了，前面曾說過，身宮中有七殺星的人，會出身不好也易為奴僕之人，或短壽之人。因此身宮在夫妻宮又有七殺的話，易為所愛，或所崇拜的人犧牲生命。而且此人易晚婚或不婚，或結了又離，因為雙方都性格強。性格不強的，你不愛！選中的，又難相處，因此會形成『相愛容易相處難』的局面。

身宮落在夫妻宮，宮內有破軍的話，表示你天生喜歡殘缺的愛，你的人生中有很多悲劇事件。同時也表示連你的出生都有問題，不是正室所生，也易遭人白眼，但你同情這種檯面下或偷偷摸摸的愛情。自己的未來也仍是再輪迴到這種不倫之戀當中，不在乎愛的漩渦有多不為世人的接受，而勇於大膽的嚐試這種違背常理及善良風俗的愛情。其人在戀愛的花招上也會品行不佳。某些不愛江山愛美人，而美人又是離過婚而再婚的人，就是此種命理格局的人。另外，有真正同性戀性向的人，也多半是此種命理格局的人。現代因時代開放，某些人因體型的關係，如男性較瘦小、外表陰柔，多與女性接觸，在男性團體中被視為女性，而為同性戀。女性因形體粗壯，在女性團體中被當做男性來依賴，故亦被人看做同性戀。這種狀況不是先天同性戀的命格，故為隱性的同性戀。有些女子命盤中有太陽化忌，不易結婚，或不易有異性對象。有些男子命盤中有太陰化忌，也不易找異性談戀愛或結婚，也會被人誤以為同性戀。實際上，同性戀是傷殘、身破的命理格局。無法繁衍下一代，沒有生殖能力的，就是傷殘，這也是一種刑剋所致。

身宮落在夫妻宮，宮內有貪狼星的話，表示你也是很大膽，又貪心的人。什麼都貪，尤其貪愛情。這種極易做色情行業，心多機關、無媒自嫁，會用色情的手腕去得到自己想得之東西，此命格的人易貪戀花酒，其人命宮會有一顆天相星。如果天相居廟，則你本命福多，三妻四妾夠你貪的，但你的人生也許在貪戀花酒之間浪費掉了。

如果你是天相陷落入命，而身宮落於夫妻宮是武貪的話，表示你想找一個性格強悍、剛硬，但很會賺錢的人來做配偶。你會因本身窮，能力又不好而貪財，希望有人能幫你賺錢，供你衣食豐足就好了。所以你會為了錢而忍受。

身宮落在夫妻宮，宮內有擎羊星的話，表示你的本命和內在感情都是一種受刑剋的狀況，你易是內心煩惱，想得多，易鑽牛角尖的人，也容易是內心陰險，內心機關重重，有時把別人想得很壞，也會暗中想辦法去對付別人的人。有此身宮的人，容易做奴僕，或不婚、晚婚，不易結婚。這是先天性他所重視的感情這條通路被自己給卡住了。內心容易因懦弱、強悍、自以為是的、自私的、自以為會對自己好的方式來尋找及處理自己的感情，結果總是不順利的。有些是看不對人，有些是用心太細、太龜毛，而嚇走別人。**夫妻宮為身宮有擎羊獨坐又陷落的話**，是心狠手辣，為想要得到愛情會不擇手段的人。此人自幼就會和姐妹對爸媽爭寵，好吃醋，成年後和同性爭奪愛情，會用盡心機搶周圍好朋友的情人或配偶，他只要看周圍朋友中那一個人的配偶或情人是讓他感覺條件美好、是自己嚮往的，便會不自量力的去下工夫去營謀了。身宮有羊、陀、火、鈴的人，都好說謊，是先天性有陰險氣息的人。擎羊居廟獨坐在身宮又在夫妻宮，會更心狠手辣的厲害。這種人必會做出傷天害理、惡貫滿盈之事而滅亡。

身宮落在夫妻宮，宮內有羊、陀、火、鈴和其他的星同宮時，要看是何星、代表何種意義，而定其感情模式，這在後面會談到。現在大致談一下。羊、陀、火、鈴、劫空、化忌都是刑星，和別的星同宮時，要看是何星就代表何種意義，例如是『太陽居陷、擎羊』在夫妻宮為身宮，表示內心根本不想工作，最好有人養，自己是當跟班下人就好了。如果是『太陽居旺、擎羊』在夫妻宮為身宮時，表示有時你還想工作，而不在乎做別人跟班、助理或司機、佣人之流，你會以自己的工作為重要，但你會渴望在自己崇拜之人手下工作會做得久。這是因為太陽是官星，有擎羊為『刑官』格局，又在身宮及夫妻宮，故你的內在思想就是為自己所愛的人，能委曲工作，倘若感情有變，你很可能會自殺或殺掉你心愛、崇拜之人。身宮在夫妻宮又為『太陽、擎羊』時，表示你是在一個父母工作不長，或父母無工作狀況下出生的，或是家業正敗落，有一些生活困難的狀況下出生的。所以你的感情模式也有這種帶有煩憂、隱晦、煩惱多、不算正面的情形。

身宮在夫妻宮的人，情緒容易起伏，心情容易忽好忽壞，晴時多雲偶陣雨。身宮是太陰星所管轄的宮位，又逢到夫妻宮時，內心就常如浮雲遮月一般了。也是如同走進戀愛之神所管轄之境地一般了。有此種身宮落於夫妻宮的人，第六感特別強，也常以自身的第六感來感覺事情預卜先知，因此他們是感覺觸角敏銳的人，不過，仍是以身宮落於夫妻宮又有『機月同梁』的這些星曜較感覺敏銳。

倘若身宮落於夫妻宮，又是空宮時，其人很重感情，並以『情』為依歸，但是內心是茫然的，並不知道自己到底人生中該重視什麼？也不知自己的人生目標，更不知自己到底喜歡什麼樣的人來做配偶。我在算命時，常遇到此種內心空洞的人。我常常要抽絲剝繭的幫他找出他自己喜愛的事物及人生的目標。自然，很多事對他們來說，都是不深刻的。而且他會過不久，便要找人幫他理理頭緒，找回自我。

3. 身宮落在財帛宮

身宮落在財帛宮的人，最愛錢財，視財如命。並且凡事皆以金錢價值來衡量，為人是較現實的人。他們在這世界上看到的東西只有『錢』，家人、父母、子女、夫妻、朋友間的感情厚薄，會以能不能有金錢往來，別人會不會給他錢，來做感情好壞的評析。人生的成功、快樂也都以得到金錢的多寡來看待人生的成功級數。他們對金錢的價值特別敏感、敏銳，會把世界上一切的事物與姻緣都物化，標上金錢價值，將之數字化。因此在感覺上有些市儈和現實。

身命落在財帛宮的人，如果宮內有財星居旺、居廟，此人能愛財得財，天生有財。自出生打自娘胎就有財，再加上善於計算，通曉數字經營，一生愛財得財，是十分愜意的。他也不會在乎別人罵他『為富不仁』或『守財奴』之類的話語。通常財帛宮有財星居旺、居廟的人，如武曲居廟、天府居廟或旺，太陰居廟或旺，都會小心翼翼的理財、存錢，為人吝嗇，只進不出，才能守得住財的。自然不會因別人隨便罵兩句便出手給錢了。

身宮落在財帛宮的人，如果宮內有殺、破及羊、陀、火、鈴、劫空、化忌等煞星之流，則會愛財又得不到財，為財辛苦、痛苦，同時也是為財奔忙無睡眠，又所得不多之人。

因為身宮代表靈魂，代表天生的素質，如果身宮落在財帛宮，就表示天生的靈魂素是屬於斤斤計較，無論如何都想算清楚自己的生命資源的人。宮內再有殺、破及羊、陀、火、鈴、劫空、化忌時，則表示其人容易出身在有財務問題或沒落財窮的家庭中，出生時即有問題。未來也會為了財而委曲求全為僕為奴的去賺錢。會做不高級的事情、侍候人的事情去賺錢。本命財少，是受到刑剋的財與資源，所以想中獎得大財，幾乎是不可能的了，兢兢業業的過日子，還能平順。但是窮命的人，往往會異想天開，希望有偏財運、暴發運來解救於他。其實本身窮命的人，即使有偏財運也爆發不大。人生中的財，自有定數，也會在一定的時間程序中慢慢給你，人太快耗損了自己的財，就容易早夭短壽了。

身宮落在財帛宮的人，又財帛宮為空宮無主星時，表示你的靈魂與本命的財都是很空茫的。表面上你很愛錢，偶而為錢忙碌，實際上你並不真知道如何可賺大錢，或如何能賺多一點的錢。另一方面，倘若用八來鑑定你命中的財，也會發現，你會是那種『財多身弱，不能任財』的人。通常八字中，相剋為財。你能剋住它的，就是你的財。剋不住或掌握不了的，就不是你的財。財大我弱，我就控制不了財了，只好望財興嘆了。所以呢！有此命理格局的人會用蔭星做用神。其人本身又不善於理財，生命中仍有人會給他錢花。自己所賺的錢少，你只能聽聽錢的事，或在一旁望一望、看一看錢的事，就自然開心了。所以這是屬於愛錢，又不實際型的守財奴。會天天在算自己能從那裡拿到一點錢，有一點小錢就快樂的不得了。

4. 身宮落在遷移宮

身宮落在遷移宮時，其人很忙碌，在家待不住、喜往外跑，每天都要出門，否則在家就像被困住的樣子，坐立難安。一定要到外面跑一趟回來才能心定下來。

身宮落在遷移宮的人，對於人際關係和環境的變化深感興趣。

身宮是人元神之所在，又剛好落在遷動之宮位，表示其人的靈魂常在外遊走，不能定下來、穩住。其人不動起來就不舒服。所以喜歡做奔波性質的工作，不喜歡固定坐在辦公室內上班，如果這種身宮落在遷移宮，宮內又有七殺、破軍、天機、貪狼等好動的星曜的話，其人生的動感速度更快，人生飄蕩的情形也更嚴重。人生起起伏伏的運程也更讓人感嘆了。

命宮中有太陽坐命或太陰坐命，或是巨門坐命的人，很容易遇到身宮在遷移宮的狀況。本來日坐命或月坐命的人，就是日月如梭，循環不已。其人好動、靜不下來。這也是勞碌的一種形式。但是有的人奔走對自己有利，有的人奔走對自己無利。**例如太陽坐命午宮的人，身宮落在遷移宮，有天梁居廟**，這表示此人出外處處有貴人，而且是年長的貴人或年長的女性貴人。同時也表示此人的元神即主貴，能得祖先或神明的蔭疕，又能慈愛照顧幼小，一生會因愛心而出名，或因文才而出名。所以此人勞碌奔波，對自己是好的，未來能收獲名利。**例如有一位朋友是天同坐命的人，身宮落在遷移宮，有巨門陷落、擎羊居廟**。表示此人的環境就是凶險、是非多、爭強鬥狠的環境。而他的元神在此處，自然是不安寧的，其人在家待不住喜外出，又很容易的走入是非爭鬥的境界，也很容易的進入災禍的境地，因此要特別小心，這是很可能會在外遇災而亡的命格。三合宮位再有火星，就會形成『巨火羊』的惡格、易因爭執氣憤而自殺。**此人身宮中有巨門、擎羊**，表示出身不高，家窮或庶出，也極易出外工作時做為人幫傭的工作，或做助理、打掃、餐館打雜的工作。

早期，我們常聽到留學生在外國打工賺學費的事情，很多中國留學生是到餐館洗盤子，或做褓母帶小孩來賺取學費。其實會做這樣的工作的人，也是要看命格的，要看身宮的。身宮不論在命、夫、財、遷、官、福那一宮，而身宮中有羊、陀、火、鈴、劫空、化忌、殺、破等星時，就是為僕為奴的命格，很容易就會走進這種工作行業中去了。將來也會靠人的關係，做別人的助理、秘書或司機來晉陞職位。倘若身宮中無殺、破、羊陀等星的人，就不太願意委曲求全的做粗下工作來賺錢。

身宮落在遷移宮，又是空宮的人，常像自己的靈魂掉在外面了一樣。常會急急忙忙的跑出去，在家待不住，跑出去了以後又想不起自己是出來要做什麼事的，又跑回家。就這樣常常來來回回，浪費時間，也不以為意。其人的元神也是空茫的。自然，其人也容易沒有中心思想，隨波逐流的過日子了。有一些日月坐命、機梁坐命、同梁坐命的人，會有這樣的身宮和生活形態與思想。

5. 身宮落在官祿宮

身宮落在官祿宮，是一個愛做事業，並以事業為重的人。一生很愛工作，喜歡創業打拚。也較重視名聲、地位，以及如何向上爬的技巧。倘若此身宮中是天梁居旺或居廟，其人一生以名聲為努力目標，他的事業就是以名聲的增高為目標。此人會做『師字輩』的人，如老師、律師等工作的人會做得好，或做政治人物，能有好名聲。

身宮落在官祿宮，在幼年時期，官祿宮是看學業好壞、看學習能力的宮位。因此身宮落在官祿宮又有吉星的人，讀書時期會成績較好。但此宮內決不能有陷落的文昌星，否則仍會讀不好、頭腦不佳的。當身宮在官祿宮有文昌星在寅、午、戌宮出現時，無論是何種命宮的人，皆會頭腦笨、粗俗，不喜歡唸書及學習，人生的成就也會很差。可是如果能形成『陽梁昌祿』格的人，倒是不在此限，此人可由不文質的學科，如體育，或修理汽車之類的學科而有高學歷。

身宮落在官祿宮，其中又有化權星的話，最好是化權星又要在廟旺之位，才會有力。但是最好不是紫微化權。因為有紫微化權時，其人命宮必有武曲化忌，或有陀羅同宮或在對宮，這表示本人很笨、頭腦不清，對一些錢財不清之財務問題，又堅持要去填平債務，本身主觀又很強、固執又頑固，喜歡瞎管。其人一生很愛做事，但都是做一些要竭力去撫平債務和撫平困難之事。因此一生過得辛苦。倘若其人不要去做這些不可能的任務，自然也沒那麼多是非、麻煩和錢財糾紛了。自己不要管錢就好了。

身宮落在官祿宮，如果有羊、陀、化忌、劫空在宮內，不但工作能力不佳，同時也會影響到婚姻狀況，易晚婚或結不成婚，也易離婚。亦可能事業、家庭兩頭空。

身宮落在官祿宮，如果為空宮無主星時，代表其人常腦袋空空，有時會用自己內心的喜好來找工作。但是自己喜歡的工作常是自己並不拿手的工作。也就是容易好高騖遠，沒有專業能力，自以為自己還不錯，但實際容易什麼也不會。這種命格的人，也常沒有自信，反而在一些簡單的事情上怯懦，讓人覺得很奇怪。**身宮在官祿宮，沒有主星時**，容易愛工作，但瞎忙一通，要看心情好壞來決定是不是真正的努力工作和工作實質績效好不好。心情不好時，根本也不想工作，也管不了失去工作的嚴重性了。這種狀況就像身宮落於夫妻宮的人一樣了。另外，官祿宮是代表其人聰明才智的宮位，而身宮是靈魂羈留之所。如果身宮在官祿宮又是空宮無主星的話，其人的聰明才智也是空宮，有清高不實際的聰明，在一些不重要的事情上很聰明，但在現實生活的應用，以及在賺錢的能力上卻不聰明。

倘若身宮落在官祿宮，又有『破軍、文昌』或『破軍、文曲』在宮內的人，表示很愛做事業，但會把事業愈做愈窮，不如不做，不做還好，做了既辛苦，又會做窮。有此格局者，做公務員、薪水族領固定薪資還不錯，不宜做生意或開工廠。

有一位大學教授有此格局，因教書工作是薪水階級，故還平順。多年前有一位朋友來算命，有此身宮落於官祿宮，又有『破軍、文曲』的格局，他一直以為是運程不好，才會做一個投資就失敗一個。本來父母就留有家產給他，結婚後妻子也帶來一些財富，家人都很期望他能有一番大事業，但做過很多、開過工廠、投資公司或餐廳，都以失敗結束，錢財也愈變愈少。現在有些退隱的打算，又想再拚一下。經過我分析過他的命格後，勸他最好別再投資，做事業了，以免老本不保。最後他決定回老家，把老家的地蓋個民宿，一方面養老，一方面維持生計，我勸他用太太的名義登記，以防產業不保，他只要做個檯面上的老闆就可以了。

6. 身宮落在福德宮

倘若身宮落於福德宮時，其人很愛享福，是人生以享福為目標的人。當人生中太愛享福，很多事都以不想辛苦，想舒服輕鬆的去做人生中必須之事時，其人會少打拚、較懶惰，人生也就成就不高了。所以身宮落於福德宮的人，常遇事容易妥協，不願意辛苦，有時候他自己還以為已經很辛苦了，但與別人比較起來也只是小巫見大巫而已。所以當我們看到此種身宮落於福德宮的人，也只能做一般的小老百姓，無法有大成就和擠上高位了。

我常看到有許多命宮是天同星的人，如天同坐命、同陰坐命、同梁坐命或同巨坐命的人，會有身宮落於福德宮的現象。這表示其人重要的一生也真正在享福了。倘若享福不足的話，易早衰、早逝，有病痛、傷災。

倘若命格是『殺、破、狼』格局的人，身宮又落於福德宮的話，其人打拚能力也是較少而無用的，成就也是很低，等於無的。**就像紫貪坐命的人**，福德宮是天相，**身宮落於福德宮為天相的話**，就表示其人安於一般生活的穩定和享受。天相是勤勞的福星，在衣食和小小的理財方面很在行，重視的也是這些。故其人會注意養生，以及平常的衣食享受，和有足夠吃喝，過快樂日子的花費就很滿足了。**破軍坐命者，福德宮都有一顆天府星，如果身宮又落於落福德宮的話**，其人很愛物質享受，會花更多的錢去吃好的、穿好的，但自己的賺錢能力並不行。因此他一定會找一個能依靠、能給他好生活的家人或配偶來擁有這種享受。

有一位命宮是紫破、文昌、文曲的年輕美麗小姐來算命，說是想要找工作，結婚一年多，先生常逼著她找工作，原先她的先生有些積蓄一百多萬，已花完了。先生自己在科技公司上班，覺得她在家太閒，又愛花錢，為何不也去工作呢？

我們看：這位小姐的命格是『紫破、文昌、文曲』。當破軍遇到文昌、文曲是窮的格局，其人本命窮，但相貌美麗，也喜歡美麗事務。其人的身宮落於福德宮為天府獨坐，故喜愛物質上的享受。同時文昌、文曲同宮並坐，也代表是桃花格局，會以情色、情慾為重。其人長相聰明可愛，討人喜歡，吸引異性，有此命格的人，多半容易做小，或依附異性生活。再加上重視享福，自己是決不會勞動的。我說：你的老公也一定是相貌帥氣俊俏的人。她說：沒錯！她是外貌協會的人，長的不好看，她是不會要的。不過，看來長得好看，賺錢不多也是不行的，我想此人最後是換老公比去找工作快吧！

當一個人是窮命格局時，只要有錢就會花掉、耗掉，沒有節制，一生中始終在窮困中打滾，和這種命格的人一起生活也是很辛苦的，短時間還無所謂，如果生活一輩子，你也會被他搞得窮困，你甘心嗎？但每個人都有自己生存的方式，也一定會找到與自己相合的磁場環境來生存。我們看：這位『紫府、昌曲坐命』的人，其夫妻宮是空宮，又有廉貪相照，所以她一定能找到能享福的地方，只是婚姻的次數恐怕不少罷了。

倘若身宮落於福德宮，又是『破軍、文昌』，或『破軍、文曲』的人，是一生想要享福，但又辛苦勞碌的人。如果文昌或文曲居旺位以上，則其人愛享高級、美麗事物的福，例如喜文學、繪畫、藝事、舞蹈、戲劇、才藝之類的事，容易是個『寒儒』色彩的人。如果文昌或文曲居陷，則勞碌一些、粗俗一之事，一生無用，這是本命窮困，為奴僕命格的人。

倘若身宮落於福德宮，又有羊、陀入宮，也是愛享福又享不到的人，也易為奴僕之人，或做低賤工作的人。有羊、陀獨坐身宮又是福德宮時最靈驗。

倘若身宮落於福德宮，又有空宮無主星時，表示其人很愛享福，但都不知該如何享福，常會懶洋洋的耗掉一天，糊塗度日以終。做一個好吃等死的米蟲。有好吃、好玩的就吃一點、玩一點，沒有事時，就在家睡覺，常不知人間是何年。是看起來好命，但自己也搞不清楚是否真是好命的人，此命格的人，倘若財帛宮內有羊、陀、劫空、化忌，此人的懶惰程度會更深，命也更差、更窮，做乞丐都會嫌辛苦了，此人也容易命不長。

第四章　身宮的看法

身宮的看法，其實和看命宮的看法，其方法是一樣的。身宮一方面是加強命宮，一些天生不可改變因素的展現，一方面也是告訴我們靈魂可寄託之處。

身宮和命宮看法相同的方式是：

1. 首先要看身宮落於那一宮

身宮落於命宮，就是身命同宮，就是以自我主見為主的人，落於夫妻宮就是愛談戀愛，以愛情、婚姻為主的人。落在遷移宮，是喜往外跑、在家待不住的人……以此類推。

2. 要看身宮內的星曜是屬於那一類的星曜

例如：**紫微**、**太陽**、**天梁**、**廉貞**是官星。

武曲、**天府**、**太陰**是財星。

天相、**天同**是福星。

天機、**貪狼**是運星。

七殺、**破軍**是殺星、耗星。

巨門是暗星、**廉貞**是囚星。

擎羊、**陀羅**、**火星**、**鈴星**是刑星、煞星。

天空、**地劫**是空星、劫星，也是刑星。

化忌是忌星，也是刑星。

左輔、右弼是輔星。

3. 要檢查身宮內的格局，是否端正或有刑剋。

以此才能定出身宮的好壞，與天生所能享到的福有多少，其人外表長相如何？以及未來的成就高低，或是命中究竟有多少財富？是否會是富屋窮人？或是健康的問題如何？生命的長短如何等等……

往往，我們在論命時，會一方面用紫微論命來看人之個性，或精算大運、流年、流月等時間上的問題。但要論此人天生的命中是否真主富？或是到底此人成就有多大？富有多富？貴有多貴時，我們會輔以『八字』論命法來找出此人命中帶財、趨貴的價值，再來評估。但如果你能在身宮中看到財星居旺廟之位，你就能斷定此人天生主富了。如果看到此人的身宮落在財、官、遷等宮，又有官星居旺，不受刑剋的話，此人自然主貴，未來成就也很大了。再算算能大起的時間，自然命格的等級就能評定出來了。這是我們主要利用身宮來論命的方法。

身宮中有紫微星居旺、居廟時，命格較高，但不能有羊、陀、火、鈴來同宮，否則就是『刑官』格局。

昌曲加官星的格局

紫微加文昌，或紫微加文曲的格局，要小心！文昌或文曲必須居旺，如果在寅、午、戌等宮居陷時，反而是刑剋的格局，會使人粗俗、品格不高，或無法有成就，或成就不高，或是天生環境不熱鬧、沒人緣、沒有才華，口才不佳等問題，其人也會在出生時，出生在家道中落，或家財不多的家庭中。

太陽加文昌、太陽加文曲。或天梁加文昌，或天梁加文曲，或是廉貞加文昌、廉貞加文曲，都要注意文昌及文曲的旺狀況，才能知道是『助官』或『刑官』格局。有『助官』格局的人，能主貴，故一生中有大放異彩的機會。也能因貴而富。

『助官』格局中如果再有羊、陀、火、鈴、劫空、化忌同宮，也都算是『刑官』格局而為不吉了。

輔星加官星的格局

左輔、右弼是輔星，和官星同宮時，便是『輔官』格局，例如『紫微、左輔』、『紫微、右弼』或『太陽、左輔』、『太陽、右弼』

或『天梁、左輔』、『天梁、右弼』或『廉貞、左輔』、『廉貞、右弼』。

左輔、右弼是助善也助惡的。在官星中每一個官星有自己特別之意義。官星就是事業之星。如紫微有超強力，在生活中能平復、平撫，使之變吉及復原的力量，也有變高貴，和能升等級的力量，若再有左輔或右弼同宮，又加強這些力量，這些力量在身宮出現時，會本命主貴，能在事業上增貴很快。會很快的超過同輩的人的成就，能出名，或有功績。『紫微、左輔』在身宮的力量，會比『紫微、右弼』在身宮的力量更大。因為右弼仍帶有保守、戀家、小家子氣、內斂、頑固的狀況。左輔較寬大、具有親和力、慈善、不計較，有左輔在身宮的人比較放得開，也能得到較多同輩的認同，相助而成功。

『太陽、左輔』或『太陽、右弼』，要看太陽的明暗、旺弱。太陽居陷時，又在身宮，再加左、右，又加倍了晦暗的人生。此人很可能出身即命不好，生在貧窮之家或不名譽的出身，為庶子或父不詳之類，未來也會沒什麼前途可言。太陽陷落時，本身就是『刑官』格局了。再加左、右，為雙重刑官格局，無論你的身宮是落於命宮、夫妻宮、財帛宮、遷移宮、官祿宮或福德宮，你都是與事業無緣，心情常鬱悶，只求溫飽而已的人了。

如果是太陽居旺再加左輔或右弼在身宮的人。其人天生性格開朗、思想很正面、做事積極、心地寬宏、學習能力強，工作有效率，再有左輔、右弼同宮，更加強了其人能成就大事業的先天企機。自然也能以貴而主富了。

『天梁、左輔』或『天梁、右弼』，也要看天梁的旺弱，天梁居旺加左輔或右弼才有用，才是『輔官』形式。天梁是蔭星，居旺時再有左輔或右弼同宮時，是『輔蔭』的格局。若在身宮，其人天生能得祖蔭或能得神助，而有名聲，或因考試而主貴，官位高，或有文名，這是先天就能成就大事業與大名聲的命格。某些為神明辦事的人，或乩童、廟祝也會有身宮有『輔蔭』格局。

倘若天梁陷落再加左輔或右弼同宮於身宮時，如在巳、亥宮，天梁陷落無貴人、神明相助，無名聲，也無智慧，事業也不強，再加左輔、右弼一起同宮，易遇災禍，或先天帶疾，是帶疾延年的人。也要小心時運不繼而夭壽。

『廉貞、左輔』或『廉貞、右弼』同樣要看廉貞的旺陷，而能定『輔官』或『刑官』。廉貞亦是囚星，有左輔、右弼同宮時，亦為『助囚』的現象。在身宮時，其人會更加頑固而放不開，也會更小氣，視財如命。廉貞也是爭鬥，故其人會悶悶的、話少、內心好鬥、心機重。因為加重了囚星的特質，因此人緣未必好，但會邪淫桃花多。也容易沈迷酒色之中。如果身宮就有『廉貪陀』『風流彩杖』加左輔或右弼的格局，其人的出生和其人生都會與情色脫不了關係，人生的層次也不高了。

身宮是刑官的格局

身宮有『紫微和擎羊、陀羅、火、鈴』同宮，或是太陽官星和羊、陀、火、鈴同宮，或是天梁、廉貞和羊、陀、火、鈴同宮，皆為『刑官』格局。

＊太陽、廉貞、天梁居陷位，也算是『刑官』格局。

身宮有『刑官』格局時，表示人本身的能力和事業成就都會不高了。其人不可能自己能賺到大財富。可能要靠家產或親人，才有辦法有好的享受。有擎羊、陀羅出現在身宮，更可能不但無大財可用，而且還可能為人做牛做馬的勞碌，工作做助理、傭人、司機、僕人，是侍候人、依靠人而有錢財。而且其人賺錢不會賺得久，會工作做做停停，人生中常有起伏高低、顛頗的狀況，不算順利。

身宮是『財星』格局

身宮中有武曲居廟、天府在得地以上的旺位，皆主其人本身帶財多。太陰居旺會帶財，但此財為薪水之財或房地產（不動產）之財，不太能花的。而且太陰在身宮時，易有隨母改嫁，或離祖換宗、改姓等的問題。尤其太陰陷落時在身宮更驗。太陰陷落就無財了。必更換枝葉，離祖到別人家中再茂盛或發達。但是太陰陷落在身宮的人，也要小心自己先天資源不足，也易身體健康不好，易有疾病或突發病症而短壽的情形。

身宮中有居旺的財星，再加居廟、居旺的昌、曲同宮，為『助財』格局，或有左輔、右弼同宮，為『輔財』格局。這兩者都會先天命裡財多。

身宮是『刑財』格局

身宮中有財星居旺和羊、陀、火、鈴、化忌、劫空同宮都稱之為『刑財』格局。身宮中財星陷落也是『刑財』格局。身宮中有財星和殺、破之星同宮，例如身宮有武殺、武破等星，也是『刑財』格局。

身宮中有財星和陷落的文昌、文曲同宮，亦為『刑財』格局，其人會計算能力不佳、耗財多、理財能力不好，天生財少，故為『刑財』格局。身宮中有財星帶化忌，如武曲化忌、太陰化忌，仍是『刑財』格局。

身宮是『財空』或『劫財』格局

身宮中有財星和天空同宮為『財空』格局。

身宮中有財星和地劫同宮為『劫財』格局。

身宮是『福星』的格局

身宮是『福星』的格局，包括了身宮有天同居旺，或天相居得地以上的旺位，無其他煞星同宮，也無陷落的昌、曲同宮而稱之。

身宮中有福星時，表示天生福厚，尤其是有天同居廟時，是天生能享福而不操勞的人，且有優質的物質生活可享用，一點也無煩惱之事。身宮有天同福星，無論身命同宮，或身宮落在夫妻宮、財帛宮、遷移宮、官祿宮，或是福德宮，基本上其人的生活形態都速度慢，凡事按步就班、慢慢來，凡事急不得，太急了，就無福了，事情就做不成了。身宮有天同福星居廟的人，是自然天成的福運。這和命格中有天同化權居廟的狀況類似，凡事水到渠成。此命格是在古代真正有黃袍加身的命格的人。現在有這種命格已很少了。

身宮是『天同加文昌居廟』或『天同居廟加文曲居廟』的人，例如在巳宮，這是真正有『助福』格局的人。其人一生享福不盡，自然修養及學識也高，身宮有天同加左輔或右弼時，為『輔福』格局，最好也要在巳宮，火土之宮，左右的助力才強。其人會有事業及功績。

身宮為『天相在得地以上』的旺位時，無煞星同宮，也無昌曲陷落同宮，是為福星圓滿的格局。身宮中有比天相居得地之位的福星，其人會性溫和、穩重、講理、愛好公平、講求正義，處世也圓融。其人會理財，也會打理事情，做事負責任，知進退。這種福星是勤勞的福星，因此會幫自己四周的人料理事情料理的好。其人一生太平、享福，生活上快樂愜意。其人多半不喜歡有多太多操勞的事，但為吃喝穿衣操勞是很有興趣的。就像有天同在身宮的人，平常很懶，但喜歡為玩樂之事操勞是一樣的。

天相居廟加文昌居廟與文曲同宮時，是精明、能幹又會享福，且好命命格高的人。但**天相、昌曲在丑宮或未宮為身宮時**，是桃花格局，人生不美。人生的層次也不高，這是因為桃花格局會讓此人戀酒好色，而沒心向上發展的緣故。

天相、左輔、右弼一起在丑宮或未宮同宮也是桃花格局，易靠人過生活，或多桃花事件，多娶妻妾，女子多嫁，婚姻不美，人生格局不高。

身宮為『刑福』格局

身宮為『刑福』格局時，以天同和羊、陀、火、鈴、劫空、化忌同宮而稱之。也以天相和羊、陀、火、鈴、劫空、化忌同宮而稱之。

其中以『天同、擎羊』和『天相、擎羊』最凶，其人容易有傷殘現象，也易短命，是福不全的格局。

『天相、擎羊』又稱『刑印』格局，入身宮時，其人容易受人欺負，天生懦弱，易有傷殘現象，或有疾病，也易卑賤，抬不起頭，無法正常的工作，易為奴僕之人。

天同陷落、天相陷落入身宮，也是『刑福』格局，如身宮有同巨雙星同宮，或有天相陷落入宮，皆為『刑福』格局，會有福也享不到，這是本命就有問題，易有災禍或病痛發生，或短命而亡。

身宮為『運星』的格局

身宮中有運星天機居旺或在得地上的旺位，或是有貪狼居旺的時候，稱之為有『運星』的格局，這表示人生中有某些時間點是會高起的時候。人生中會有高高低低的情形，身宮中有天機居旺時，易得人提攜而有成就，容易因人而貴。身宮中有貪狼居旺時，容易因時間點的巧合而有富貴。如果再能形成『火貪格』、『鈴貪格』、『武貪格』的人，在其人的人生中就有固定的時間表會爆發富貴。

身宮中有這些暴發格的格局時，就表示其人容易年青時困苦，而離開出生血地之後爆發，也表示其人生為大起大落的形式。『運』和『命』都會和常人不一樣。同時也表示其人很貪，貪念強，此貪念形成其人的奮鬥力，但也容易以貪害命。

身宮為『刑運』格局

身宮中有天機和擎羊、陀、火、鈴、劫空、化忌同宮時，或天機本身落陷，或天機帶化忌時，為『刑運』格局。此格局也易刑剋聰明，或有陰險的聰明，或有古怪的聰明而傷害自己的好運機會。因此一生在運氣不繼當中度過。

身宮中有貪狼和羊、陀、火、鈴、劫空、化忌同宮，或貪狼居陷（廉貪）或貪狼帶化忌入身宮時，為『刑運』格局。其中以『貪狼、擎羊』、『貪狼、陀羅』、貪狼化忌、廉貪同宮最差。

貪狼和火星，或貪狼和鈴星會形成『火貪格』、『鈴貪格』，有暴發運，反而成為人生的好運格局。若入身宮，其人長相與性格皆古怪，未必定是離鄉才會發達之人。若不離出生地，則暴發小，不一定成為有用之人。此命格的人，最宜做軍警業，能成大業，功成名就。

身宮為『殺星』或『耗星』時

身宮為『殺星』或『耗星』時，是先天性有刑剋的狀況，表示其元神就為凶神制伏，因此容易身心不得安寧。身宮有殺星、耗星時，先天的體質不佳，生命資源較枯竭，因此容易早夭、命不長，或多病，帶病延年。身宮有耗星時，也易身體傷殘。不能生育也是一種傷殘。其中又以七殺和羊、陀、火、鈴或破軍加羊、陀、火、鈴為凶。定有生命耗損之災。

身宮有『七殺、天空』或『七殺、地劫』，或是有『破軍、天空』、『破軍、地劫』時，為空門修道之命。其人亦容易有身體上之傷殘現象。身宮有『破軍、文昌』或『破軍、文曲』時，亦表示身窮，有水厄，易短命，或有疾病，是先天資源不豐裕的狀況。本命窮，也會身體沒有好的遺傳，易勞碌而無所得。

身宮為『暗星』或『囚星』時

身宮為『暗星』時，代表其人先天性帶暗疾，一生不舒坦、不寧靜，不是身體多病住院，就是環境中多爭執是非。天生有災禍連連之感，一生多在混亂中度過。

身宮為『囚星』時，其人性格悶、多思慮、較陰險、疑神疑鬼。其人也要小心官非、爭鬥之事。尤其命盤上有『日月反背』格局的人，尤要小心人生中多晦暗面，也易入牢獄有囚禁之災。

身宮有囚星時，有另一種囚禁之苦，就是身體不佳，不能下床，易囚於醫院病房，會因常開刀有血光之災，或有血液方面的毛病，或白血病等需隔離治療，形同囚禁。因此要小心！

身宮有羊、陀、火、鈴獨坐時

身宮有羊、陀、火、鈴獨坐時，要看身宮是落於那一宮，且要看擎羊是廟旺，還是陷落，就知道此人一生的問題是在那一方面了。

例如身宮有擎羊獨坐在財帛宮，表示太愛錢，但愛的方法不對，會愛不到錢，或被錢財所奴役。其人會為了錢做低下之事，去侍候別人，如奴如僕，自然也無法賺大錢。而且其人要小心錢稍多一點，就身體不好。手邊的錢財和身體健之財是一起加起來的生命之財。賺多了金錢，自然健康之財就耗損了，這也代表先天窮，因此不能太愛錢，以免沒命花、沒命享受。

例如**擎羊獨坐在夫妻宮為身宮時**，表示太愛談愛情，但又不一定愛得到。因此易不婚，或有婚姻不美的問題，其人多半是孤獨以終的。如果此種身宮在夫妻宮有擎羊，而官祿宮有太陰相照過來（其實是同陰相照），則其人也易是隨母改嫁或離祖離宗或庶出之人。

身宮有陀羅獨坐時，也有刑傷。其人之父輩會有問題，尤其身宮落於命、遷或財、福等宮時，更明顯。其人會駝背縮腰，其父祖輩中也定有此種體形的人。故而是遺傳因子所致。其人常喜東張西望，常搞不清自己身居何地，該做何事？頭腦很笨，又要裝聰明，想學別人，總學得四不像。

身宮有火星、鈴星獨時，有刑剋、傷殘、夭亡之災。若有羊陀一起同宮，會面貌長相不清，幼年多災、難養，易二姓延生，或過房離祖可安。或有傷殘、破相而延年。且易有顛狂之症，需重拜父母。

身宮有火、鈴與七殺同宮時，主其人易陣亡或凶死。

身宮有火、鈴與破軍同宮時，主其人易遭受鬥爭清算，而倒閉破財，家財散盡。

身宮有火、鈴與廉殺羊同宮或同度時，主易遭兵刃之災。

身宮有『巨火羊』或『巨鈴羊』之格局，必自殺惡死，自縊或投水而亡，不善終。

身宮有羊、陀、火、鈴、化忌、劫空，再加左輔或右弼時，是加重一倍的刑剋。也會加重病痛、傷殘的速度。

身宮有天空或地劫獨坐時，無其他主星時，表示靈魂清純、沒有瑕疵，但也容易空茫沒有寄託，沒有支撐力，或靈魂太容易浮動、飄浮，做與靈界的溝通工作好，但要小心早夭及遇難遇災靈魂易出竅而回不來的狀況，也就夭壽了。

身宮有化忌的忌星時，要看是何星帶化忌，也要看身宮落於何宮，而能定刑剋何事。例如身宮落財帛宮而有太陽化忌，表示其人愛錢又工作多波折、賺不了什麼錢，因此他會想其他方法找錢，如果太陽化忌是居旺的，則表示其人一生都在為錢財煩惱，會經過一些工作上的古怪程序而得財。有時也不工作，會靠人過日子，錢財有時有、有時沒，有錢的時候花得很快，耗財多，沒錢的時間長。

身宮有化忌星時，是天生頭腦不清的人，其人的靈魂常常就在糾纏不清的狀態。如果是文昌化忌或文曲化忌倒還好。因為文昌、文曲是時系星，雖帶化忌，頭腦不清的時間只有一個時辰那麼長，還算好一點。有太陽化忌，是白天的時間都頭腦不清。有太陰化忌是晚上的時間易頭腦不清。有廉貞化忌是凡用智慧時都頭腦不清，有天機化忌，也是凡用聰明時都很頭腦不清。有武曲化忌時，凡理財算帳用錢時皆頭腦不清。有貪狼化忌時，是凡講求運氣時，也都頭腦不清。若再遇左、右同宮，則是加倍的刑剋不吉了。

身宮有化忌和祿存同宮時，皆為祿逢沖破、財少，但有衣食溫飽之資。

身宮有祿存時，其人孤獨、勞碌、膽小、吝嗇，會二姓延生。

因有羊陀相夾，易一生受人欺侮，與父母、兄弟無緣。其人多半無兄弟，與父母不親。祿存獨坐身宮時，會離祖過房，改姓而後重生。身宮有祿存星的人，是容易為他人領養，做養子女的人。

4. 以身宮所落之宮位和身宮之方位來檢驗你此生的最愛，是否能如願得到。

倘若我們以身宮為財帛宮愛錢如命來檢驗他是否能到最愛而快活一生。例如有一位先生的身宮落在財帛宮，有紫相入宮，又坐於辰宮，看起來十分美好，其人愛錢，又會理財，手中永遠不缺錢，應該是非常幸福了。但是辰宮屬東方屬木，是巽位，而『紫微、天相』中之紫微屬土之星受木剋。天相屬水之星，被辰土蓋水，被木吸水，故都不旺。我們再看其人的八字中己酉、庚午、辛巳、戊戌。不見財星。辛金的財是甲乙木。其人又生於午月，又有戊己土出干，支上又午戌會火局，一片火土格局，壓住日主辛金。其人命格須水恐急。因此無水就無財。所以表面上看來財帛宮不錯，但本命財少，還是愛錢又愛不到的狀況。

又例如：有一位朋友的身宮落在官祿宮，是七殺居廟在申宮，申宮是屬金水之宮位，其人的八字中要火。故其人雖內心很想做事業，很在意自己的工作，但喜用神所代表的磁場與身宮所處之方位不合，故其人常一會兒重視工作，一會兒又想做其他的投資，三心兩意，也會一事無成。

第五章　身命同宮的形式

身命同宮的形式

身命同宮有紫微的形式

身命同宮有紫微星獨坐的形式

身命同宮有紫微星獨坐時，在午宮，代表其人主觀意識很強烈，本命趨吉避凶的力量很強，其人能得到尊重和愛戴，但太愛享福，因此環境和思想對其影響很大。如果遷移宮有貪狼化權或貪狼化祿的人，其人機會多、成就高。如果有貪狼化忌、祿存，或貪狼加劫空時，其人易保守、躲在家中享福，成功機會少了。

在子宮，因紫微居平的關係，其人的身世和命運只是普通小百姓之命格。固執依舊，只能過最普通的平順生活，和最普通的優質享受。

身命同宮有紫微化權時，三合宮位中定有武曲化忌，故其人一定會因自己的固執頑固，自以為是的想法而落下一大筆債務，使自己痛苦不堪。

身命同宮有紫微、擎羊時，其人較懶惰、愛享福，但只享一些吃吃喝喝、自以為是享受的小老百姓的貪慾，此為『奴欺主』的格局，因此一生無大成就，此人負不了大責任，易為人幫點小忙，就以為不得了了。此人也會懦弱，在人生中的好運不多，紫微復建的力量不強，容易在破破爛爛的環境中生活，也易為人做手下、幫傭，或奴僕之工作。

身命同宮有紫微、祿存時，其人性格保守、小氣、怯懦，此為『孤君』格局，先天上家中有問題，易與父母分開，或做人養子，自己能生活得好，但與父母、家人無緣。因為有祿存的關係，你本命財也不多，能平順有食祿衣穿、溫飽而已。

身命同宮有『紫微、火星』或『紫微、鈴星』同宮時，本身性格沖、脾氣火爆急躁，也不穩重了，但有『火貪格』或『鈴貪格』，有暴發運和偏財運，故此身命同宮，定因火、鈴的變化而人生有大轉變或爆發好運。

身命同宮有『紫微、天空』或『紫微、地劫』同宮時，此為

『官空』或『劫官』形式，身宮有天空或地劫時，其頭腦及思想容易空洞，紫微趨吉及平復不吉的力量容易減弱，看不出來。其人容易在一些不重要之事上固執頑固，享一些空洞不實際的福氣。其人也易一生無成就可言。

身命同宮有紫府同宮的形式

身命同宮有紫府同宮的形式，其人為保守、自以為是又自私的人。只重視自己的看法，易瞧不起別人，本命中略有小財，足夠衣食，其人一生所在乎的就是自己的衣食享受，平生無大志，因此也不會有多大的成就，而是一個平凡過生活能自給自足的人。**有陀羅同宮時**，其人頭腦笨，生活能平順的狀況時好時壞。但仍自以為是的頑固，也更自私，或有不良的嗜好，會漏財、存不住錢，理財方法也不好。其人也會有略為駝背縮腰的身材。人生的層次比前者更低。**有火、鈴同宮時**，會因速度快而『刑官』、『刑財』。其人天生工作不長久、脾氣急躁，存不住錢財，思想容易變動。亦代表是財不豐易耗財的紫府，生命中有古怪的災害。**有天空或地劫同宮時**，表示是『官空、財空』、『劫官』、『劫財』的命格。其人易頭腦空泛，理財能力不佳，也表示天生的財庫財不多。**有文昌或文曲同宮時**，在寅宮，昌曲陷落為刑剋，使其人天生享不到很多財福，財的規格變小。在申宮，其人會精明，並增財多。**有左輔或右弼同宮時**，本命會更加倍固執、不聽別人的勸。也會從小由別人帶大，與父母不親。其人生中的財富，也會因加倍打拚而增多。**有祿存同宮時**，其人與父母不親，家裡有問題，會自食其力賺自己的衣食之祿，生活保守，無大成就。

身命同宮有紫相同宮的形式

身命同宮有紫相同宮的形式，表示其人以自我為中心，較注重自我的優良享受和平順一些事情的方法，你是身命同宮，又有官星和福星同坐的形式，一生喜歡在生活中享受最優質的福氣、好衣食享受，故不會有大成就。**如有文昌、文曲同宮或在對宮相照時**，就是『窮』的格局，其人本命財少，會一生不富裕，也會無成就。**有擎羊同宮時**，是刑官、刑財格局，亦為『刑印』形式，故其人會懦弱掌不了權，一生也只是混衣食溫飽而已。**有陀羅同宮時**，其人天生有破相，較笨，有縮腰或駝背狀況。也是福不全的人，人生成就不高。**有火、鈴、劫空同宮時**，皆為有瑕疵的紫相命格，也會因衝動或頭腦不清而無成就。**有左輔或右弼同宮時**，其人會加重內在思想的頑固，也會因外在環境更複雜，而使自己努力平撫危難，而無瑕顧及其他的事。此因左輔、右弼在對宮相互照顧的關係。

身命同宮有紫貪同宮的形式

身命同宮有紫貪同宮的形式，其人是固執，以自我為中心，會不實際，好貪一些高級的小享受、嗜好，或好貪一些桃花享受，紫微只是平復其人的貪念慾望而已。其人命格財不多，但衣食無憂，桃花人緣也會為其人帶來好運。**有擎羊同宮時**，是『刑官』和『刑運』的格局，其人會出身低、陰險，一生無成就，也易貪戀花酒而失敗，易為盜賊命格。**有祿存同宮時**，祿存會限制紫微官星，也會限制貪狼運星，故其人會保守，只顧自已的衣食而已，也不會有太多好運。其人易離祖過房，或離家與父母緣淺，一生事業成就普通，無大成就。**有火、鈴同宮時**，其人長相性格古怪。會有大起大落的人生。其人會大發，有成就，有暴發運和偏財運。**有劫、空同宮時**，易為修道之人。有人易頭腦空茫或不清，人生難有目標，思想不實際，會白白浪費一生，人生談不上有成就，工作也會做做停停。

身命同宮有紫殺同宮的形式

身命同宮有紫殺同宮的形式，表示在你的命格中是官煞強的格局。官煞強，就本命弱，環境不好，早年定艱辛，幼年困苦（本命弱是指財少或不能任財，不是指性格強硬），因此須要蔭星和財星來助命。但是其人本來就缺這兩樣東西。故紫殺於命身同宮時，是有時打拚一下，而經常是懶洋洋的。會沒有大成就。其人容易身體差，表示本命資源就更薄弱了，其人也會用頑強的思想和性格做自以為對的事，自以為擇善固執，或隨母改嫁，一生有衣食而已，無大成就。**有陀羅同宮時**，做武職好，但也會受傷，或因公陣亡，但有死後榮耀。其人也易身體傷殘，做文職沒有成就。**有火、鈴、空同宮時**，頭腦不清、頭腦空空不實際，有奇怪的頑固想法，但都會對自己無利可言，只有在平常衣食上有些吃吃喝喝之事而已。

身命同宮有紫破同宮的形式

身命同宮有紫破同宮的形式，就是身破、命也破的形式，有紫微不斷平復和修復，凡有耗星於身命者，多棄祖離宗，骨肉參離，雖其人主觀和意力都很強，但終不敵命運的撥弄，最後大多為修道之人。**有羊、陀同宮時**，其人有先天不足之資源，後天也會失調，並於命、遷二宮形成『刑印』格局，一生無實權。也會工作沒有成就。**有火、鈴、空同宮時**，頭腦不實際，易入修道之所。**有文昌、文曲同宮時**，形成『窮』的格局，也會出身低微、好酒色、無成就。

身命同宮有天機的形式

身命同宮有天機單星的形式

身命同宮有天機居旺時，在斗數中，天機是運星，而且是受蔭才有運的。因此在八字格局中會『木』多，命格中甲木旺的人，主貴，曲直仁壽。乙木旺的人，多陰險狡詐，故身命同宮有天機星，不旺時，也易家庭有問題，有過祖離宗之事。**有羊、陀、火、鈴、**

劫空、化忌同宮時，為本命資源薄弱，財少之人，財官都弱，易為修道之人或過繼給人做養子，或混沌過日子做粗重工作，命格低賤。

身命同宮有機陰同宮的形式

身命同宮有機陰同宮的形式，男女逢之，皆有異常之經歷。男子有此格，易隨母再嫁，而後再自立發達，但幼年辛苦。女子有此身命同宮的形式，不論貴賤，皆是二度婚姻，或做填房、偏房可皆老。再**有羊、陀、火、鈴、劫空、化忌同宮時**，小心有淫行。

身命同宮有機梁同宮的形式

身命同宮有機梁同宮的形式，其人為精明、勤勞、好說、善辯之人，也會有特殊技藝、有宗教信仰。此為蔭運相生的命格，自然有神助平順。**有羊、陀、火、鈴、同宮時**，不為善類，易孤獨或家中有問題，其人也會本命財少、想得貴人財也得不到。只有等待，或自己先去做別人的貴人，再得錢財。**有擎羊、天空、地劫同宮時**，主孤，或是僧道命。

身命同宮有機巨同宮的形式

身命同宮有機巨同宮的形式，此為『破盪格』，必白手起家，先破後成，不依祖業。身宮中有天機者主變動，也主家中多是非，故必會離開家到遠地打拚。機巨於卯宮旺地，是武職榮身的人。身命同宮有機巨在酉宮的人，火年生人吉，水年生人不吉。女命忌身命落於酉宮，易淫賤、傷夫剋子。**有擎羊、祿存、火、鈴、劫空、化**

忌同宮時，易陰險、多傷災、孤獨或為僧道之命。

身命同宮有太陽的形式

身命同宮有太陽單星的形式

身命同宮有太陽單星同宮的形式時，太陽是官星，居旺時官旺，居陷時為『刑官』形式。身命同宮，有太陽居旺時，從八字中就可看出其人有官殺兩停，或財官分列的狀況。並且能帶來主貴的格局。其人未來會有燦爛的人生。身命同宮，為太陽居陷時，從八字上就可看到官弱，或官星不顯，或為無官現象。因此未來人生多晦暗，未到中年即怠惰。**有擎羊、陀羅、火、鈴、地劫、天空、化忌同宮**

時，皆為『刑官』格局，其人會一生沒有成就，或有先天性的殘疾，頭腦也有古怪思想，易入宗教棲身。

＊『官殺兩停』：是指在八字格局中四柱上，官星與殺刃兩相平衡。

＊『財官分列』：是指在八字格局中四柱上，財星與官星分佈平均。

身命同宮有陽梁同宮的形式

身命同宮有陽梁同宮的形式，因太陽、天梁皆為官貴，天梁又為『蔭星』。在卯宮時，此人命格中官旺、蔭旺，未來必有大成就。其人野心大、愛面子、喜管閒事。陽梁在卯，身命同宮為『日照雷門』格，陽梁在酉宮身命同宮時為日月反背，為『漂蓬客』的格局，會浪跡天涯，勞心費力在過日子。**有羊、陀、火、鈴、劫空、化忌同宮時**，會刑官又刑蔭，會事業斷斷續續做不好，人生飄盪的更厲害。也會有清高不實際的想法，更做不了大事業。**有祿存同宮時**，陽梁的官格會被限制得保守及小了。

＊陽梁在卯宮為身命同宮的人，其人會相信是上天神明派他來此世界上照顧別人的（百姓的），故其人一定會從公職、做官，或做民意代表而走上政界，而造福更多人。

身命同宮有陽巨同宮的形式

身命同宮有陽巨同宮的形式，太陽是官星，巨門為暗星，兩星相遇，易先勤後惰，或先貧後富，事業工作上會競爭。其人的財官二宮皆為空宮，表示財官不強，或是在八字上財多身弱而不能任財的格局，需要蔭星來生身才行。其人一生多招是非口舌，六親寡合、多磨擦。是官星受損狀況，所以也易沒成就。會自以為是而學藝不精。

身命同宮有日月同宮的形式

身命同宮有日月同宮的形式，太陽是官星，太陰是財星，日月並坐身命宮要小心有家變，或隨母改嫁，或改姓之事。其人幼年會過的辛苦。

身命同宮在丑宮有日月同宮的形式，是命格中財旺官弱的格局，太陽官星一方面指的是父星，一方面代表夫星。因此身命同宮在丑宮有日月時，父星、夫星都不強，而財星旺，要小心與父親緣薄，且不易結婚或會離婚。

身命同宮在未宮有日月同宮的形式，是命格中官旺財弱的格局，並要小心事業有的做，但錢少，亦要小心改姓或與母親不合或娶妻較難、婚姻不順的事。**有羊、陀、火、鈴、劫空、化忌同宮時**，是同時刑官又刑財的格局，其人會為僕為奴，為人服務，或入僧道之中皈依宗教。

身命同宮有武曲的形式

身命同宮有武曲單星的形式

身命同宮有武曲的形式時，武曲是財星，也是一塊鐵。表示其人八字命格中財多，並會財局。財能生官，是故其人事業也能做得很大，但其人性格古怪，愛財守財如命，自己未必能享受到大財。其人也易少年窮困、中年以後發財，異鄉得富貴。

如**有羊、陀、火、鈴、劫空、化忌同宮時**，皆為刑財格局，且財少、慳吝更甚，思想不實際，不會理財，一生較辛苦。

身命同宮有武府同宮的形式

身命同宮有武府同宮的形式，武曲、天府是財星和庫星，因此有雙財星在命格中，愛存錢，也愛享受。其人的八字必多見財星。其人好存錢、數錢，小氣吝嗇，易人為財死、人生無大成就。**有羊、陀、火、鈴、劫空、化忌同宮時**，為刑財格局，財少，亦為奴僕之命格，會信宗教。

身命同宮有武貪同宮的形式

身命同宮有武貪同宮的形式，武曲是財星，貪狼是好運星，故此形式貪的就是錢財。其人命格中有『武貪格』暴發運，其人的八字中有多偏財的狀況，至少有兩個以上的偏財。因此其人一生的經歷都是古怪變化、有大起大落，或有無限開展的運氣的變化。倘若走到運強財官旺的大運上，會暴發偏財運是輕而易舉的事。其人生就有不一樣的大成就了。會高出一般人很多出來。**有羊、陀同宮時**，雖是刑運、刑財格局，還會爆發，但格局較小。**有火、鈴同宮時**，財與運的格局又更增大了，會有雙重暴發運，要以八字帶財的狀況來看是否能創造蓋世功業。**有地劫、天空、化忌同宮時**，暴發運不發，只為一般小老百姓的格局。

身命同宮有武殺同宮的形式

身命同宮有武殺同宮的形式，是『因財被劫』的格式。其人本命財少，性格強、古怪、做事硬梆梆、斬釘截鐵、好勝心強、不肯認輸。本命官煞多，會因本命刑財而受傷有血光。**有擎羊、祿存、火、鈴、劫空或化忌同宮時**，都是本命更無財，又多傷剋的命格，易短命、遇傷災而亡，或是修道命，或帶疾延年。其人早年艱辛、幼年困苦，一生也不富裕。

身命同宮有武相同宮的形式

身命同宮有武相同宮的形式，因是財星和勤勞的福星同宮，故其人八字中應該是蔭星旺的格局，蔭星能生財福。身命同宮有武相時，能安享財福，喜好美食、衣著、端莊整齊、會理財，會存私房

身命同宮有武貪同宮的形式

身命同宮有武貪同宮的形式，武曲是財星，貪狼是好運星，故此形式貪的就是錢財。其人命格中有『武貪格』暴發運，其人的八字中有多偏財的狀況，至少有兩個以上的偏財。因此其人一生的經歷都是古怪變化、有大起大落，或有無限開展的運氣的變化。倘若走到運強財官旺的大運上，會暴發偏財運是輕而易舉的事。其人生就有不一樣的大成就了。會高出一般人很多出來。**有羊、陀同宮時**，雖是刑運、刑財格局，還會爆發，但格局較小。**有火、鈴同宮時**，財與運的格局又更增大了，會有雙重暴發運，要以八字帶財的狀況來看是否能創造蓋世功業。**有地劫、天空、化忌同宮時**，暴發運不發，只為一般小老百姓的格局。

身命同宮有天同的形式

身命同宮有天同單星的形式

身命同宮有天同的形式時，是身宮、命宮中有福星的形式，其人天性固執於愛享福。其人天性溫和、世故，有自己的主觀意識，會不受別人的勸說。身宮有天同星的人，是天生命好，能化險為夷，歷經災禍又能安然無恙，遇凶險而全身而退之人。身命同宮加天同星，會更加強這種趨吉避凶，一生無災無厄，安然至老年，且長壽。

身命同宮有天同和**羊、陀、火、鈴、劫空、化忌同宮時**，是『刑福』格局，『天同、擎羊』會傷殘，命不保，『福不全』。而『天同、陀羅』，或有天同、火、鈴、化忌、劫空，都易會有傷災、傷殘現象，也是福不全。有此格局的人，會操勞而為奴僕，侍妾、司機，或墮入風塵操賤業維生。這是因為本命就是受到刑剋財少之故。

身命同宮有同陰同宮的形式

身命同宮有同陰同宮的形式，此為福星和財星同宮，在子宮，本命有財是普通衣食生活之財。在午宮是同陰陷落為刑財、刑福之格局，非常窮。此種命格仍要小心會隨母改嫁的情形。如果**有擎羊、祿存、火、鈴、劫空、化忌同宮時**，為刑福和刑財形式。其人會天生窮，有疾病或健康不佳，會生長於窮困家庭之中。尤其身命同宮於午宮的同陰命格，再**有擎羊、祿存、火、鈴、劫空、化忌同宮時**，易有傷殘、短壽之現象。此人也極易隨母改嫁，或離祖過繼、改姓、二姓延生的命運。

身命同宮有同梁同宮的形式

身命同宮有同梁同宮的形式，為福星和蔭星同宮，在寅宮，蔭星較旺，在申宮，福星較旺，這是八字中比劫及蔭星多的狀況，其人命中財不多，要靠財星來救助生官，才會有事業，有前途。其人會頑固、主觀強，表面溫和、內心自有主見，天生能得神助或有祖先蔭庇，但與父母不合，天梁也是官星，身命在寅宮的人，未來較有成就，身命在申宮的人，易享福較多，無衝勁。**有陀羅、祿存、火、鈴、劫空、化忌同宮時**，是刑福、刑蔭、刑官的格局，頭腦也會愚笨、奸詐、不實際、頭腦不清，一生無成就。

身命同宮有同巨同宮的形式

身命同宮有同巨同宮的形式，是福星陷落和暗星（隔角煞）陷落同在身命之中的格局，此人一生多是非、能力差、頭腦頑固、較笨，也易有身體上的病痛瑕疵。本命就是刑剋格局，若再加**羊、陀、火、鈴、劫空、化忌同宮時**，其人外貌上就有傷殘現象很明顯了。這也是本命財少的關係所致的。如果八字好一點，本命財稍多一點，會為家中帶財來，其人就會雖有傷殘，但有人照顧，有人養，也不致於生活太慘或生活無著了。

身命同宮有廉貞的形式

身命同宮有廉貞單星的形式

身命同宮有廉貞的形式時，廉貞是官星，屬於事業之星，同時也是囚星，故會固執、陰險，做一些檯面下的運作，是一種關起門來躲著別人而計劃出計謀的形式，也是一種極具政治化色彩很濃厚的形式在身命之中。從八字來看，也會是官煞強的格局。此星居身命，又為『次桃花』，易有地下情，或因桃花緋聞而敗事。

有『廉貪陀』格局時，為『風流彩杖』格，會因桃花招災、失敗。女子為娼妓命格。**有陀羅、祿存、火、鈴、劫空、化忌同宮時**，為刑官的形式，但會有古怪的邪淫桃花，亦要小心橫死之災，與傷殘現象。

身命同宮有廉府同宮的形式

身命同宮有廉府同宮的形式，為人小氣、自私，但桃花慾念強。易有桃花外遇、緋聞。本命有一點財，因本命是囚星和庫星同宮的形式入身宮，故一定會暗藏一些財物起來備用。但要小心官非與血光的問題。有羊、陀同宮於身命之中時，表示其人先天有惡死、橫死、路上埋屍之兆，或有傷殘現象。有火、鈴同宮於身命，也易有傷殘和病痛現象。有劫空、化忌同宮於身命，易為修道之人，或因酒色官符而喪生。

身命同宮有廉相同宮的形式

身命同宮有廉相同宮的形式，在八字中有『殺』強、膽小、內向、安靜、話少、容易被限制，或家有悍妻，被管的狀況。有文昌、文曲同宮時，為窮命格局，其人會更無膽又一生難富貴。有擎羊同宮時，為『刑囚夾印』之惡格，易遭人欺負，一生為僕為奴，無法有大成就。再有廉貞化忌一起，為『刑囚夾印』帶化忌之格局時，有傷殘及短命現象，遇災而亡。有火、鈴、劫空同宮，為刑福、刑官形式，主勞碌、福不全。若昌曲同宮或相照，主窮，一生不富裕。

身命同宮有廉殺同宮的形式

身命同宮有廉殺同宮的形式，在其人八字中定有官煞、殺刃皆強的形式。

因此其人命本命較弱，身宮有殺星，表示其人體質本來就不好，是受到刑剋的。因此其人要在健康上注意，本命受剋太嚴重時，就會傷殘及短壽。其人也會有頑固、固執的想法，會做不利於自己的事情。例如挑食或強力辛苦要打拚，休息及照顧自己的身體不足等等。這也是命窮、身窮、心窮之故。如果有擎羊、陀羅同宮，是具有『廉殺羊』或『廉殺陀』的格局，這是容易遇傷而亡，易早夭的格局，同時有此在身命同宮格局的人，也必為服務他人、做助理、祕書、管理階級，必須靠別人才能發達，如有火星、鈴星同宮時，亦是易有傷殘現象之命格。有天空、地劫、化忌同宮時，易為修道之人，本身有不實際的思想。這全是本命財少的關係。

身命同宮有廉破同宮的形式

身命同宮有廉破同宮的形式，其人易出生在窮苦家庭，或家族沒落，或父母婚姻失敗之家庭，宜離家至外地發展會有前途。因身破必幼年辛苦，只有移居，或離宗改姓，人生才能重新開始。凡有此身命同宮者，要小心身體健康。如再有擎羊同宮，表示本命更窮困了，易有傷殘現象，或受傷而亡，易短壽。有火、鈴同宮，也易傷殘，或有病痛，帶病延年，或早夭。有天空、地劫、化忌同宮，易出家為修道之人，六親無靠。有文昌、文曲同宮，主窮困，一生不富裕，是本命窮。有左輔或右弼同宮，會幫忙更窮、更破。

身命同宮有廉貪同宮的形式

身命同宮有廉貪同宮的形式，主人好說、無主見、喜酒色財氣，易犯官符、桃花多，居亥宮為『絕處逢生』格，亦有異地顯貴之機運。有文昌或文曲同宮或相照，主橫死夭亡。有陀羅同宮為『風流彩杖』格，易因酒色破財、敗事或喪生。加化忌更凶。有劫空並坐同宮，無桃花，也無機運，會修道或早夭。

身命同宮有天府的形式

身命同宮有天府的形式時，天府是祿庫，為富貴之基。於人身命三合宮位而會天相，主其人六親不缺、豐衣足食，享用富足。有羊、陀、火、鈴、劫空、化忌同宮或沖剋時，其人會奸詐、陰險、不正派，但仍會享受好。有羊、陀在身命同宮時，其人奸詐，也易為奴僕之人。

身命同宮有太陰獨坐的形式

身命同宮有太陰星的形式時，太陰居旺時有財，也好愛情和生活上之快樂享受。居陷時，本命窮，人生多坎坷。凡身宮有太陰星者，多隨母改嫁，或離祖過房之事。身宮有太陰居陷與文曲同宮於卯宮，易做九流術士，賴以維生。太陰為財星，居陷時則刑財，也對家中陰人沖剋，不吉。有羊、陀、火、鈴、劫空、化忌同宮時，皆是刑剋，尤以羊、陀、化忌為凶。且易有先天性眼病或失明之虞，也會六親緣薄。

身命同宮有貪狼獨坐的形式

身命同宮有貪狼的形式時，貪狼有貪慾，也為正桃花星，處於身命之地，男好花酒、賭博、遊蕩以破家。女子則淫蕩、無媒自嫁，亦會流落風塵。再有羊、陀同宮，多做風流之鬼。有文昌、文曲同宮，或相照，為不實在的人，多說少做，或做事顛倒、好吹噓。

身命同宮有貪狼者，多慾、好劈腿、嫉妒心重，主禍，易壽短。少慾者才能主壽、主福。有火、鈴同宮於身命同宮時，能橫發，有『暴發格』及偏財運，但脾氣古怪，人生能有較大格局。

身命同宮有巨門獨坐的形式

身命同宮有巨門獨坐的形式時，主其人一生多招是非，六親寡合，居陷又有羊、陀同宮，為男盜女娼之人。有火、鈴同宮或相照，易遭刑配入獄之事。有『巨火羊』格局時，會自縊、投水而亡，易自殺。

身宮有巨門的人，幼年易遭送養，離祖過房，或隨母姓改嫁做人養子。身命同宮有巨門化忌時，其人頭腦不清、思想奇怪，反覆多疑，與人交往是初善終惡。亦會與善者有隔閡，與邪惡者親近。有時用扭曲的想法來幫邪惡者解釋一些行為。

身命同宮有天相獨坐的形式

身命同宮有天相獨坐的形式時，一生有優渥衣食安享之生活，有善福，並能有高壽。天相為印星，主掌權管事，亦能有權威，會藏私房錢。有昌曲同宮或相照時，主窮，以偏房與或同居論之，主不正大光明之關係，也易為侍女、奴僕之輩。有擎羊同宮，為『刑印』格局，為懦弱無用之人。衣食也不豐，且易有傷殘。有陀羅同宮，主愚笨、無福。有火、鈴同宮，主無福、病痛、傷殘。天相居陷時，為無福及刑福形式，有殘疾、病痛、帶疾延年。有劫空同宮，為劫福形式，不富裕。

身命同宮有天梁獨坐的形式

身命同宮有天梁獨坐的形式時，天梁居旺入身命，主高壽，及萬全名聲，有極品之貴。天梁是蔭星、官星，居旺時，官蔭皆有，命格主貴，且有神蔭主貴。其人愛管別人閒事，也愛做名聲。天梁居陷在巳、亥宮為身命同宮時，不喜別人管他的事，也少貴人協助，其人驛馬強，喜浪跡天涯。此命女子多淫慾、桃花重。

＊天梁、太陰分別在命、身兩宮時，為飄泊之客，易往外跑。

身命同宮有七殺獨坐的形式

身命同宮有七殺獨坐的人，會固執、凶頑，幼年生活及生命艱辛，成長後能有富貴。七殺在身宮，主刑剋，早年有刑傷父母，晚年子嗣孤剋，不留祖業。七殺在身宮，易因人而貴，得人提攜，多做副手而掌權。

身宮有七殺星為離鄉命，白手成家奮鬥。也易為僕為奴，或掌軍權。其人身體定有傷或病痛。

身命有七殺星的人，就是八字中官殺強的人，殺強日主必弱，身體易有毛病、外傷，或有開刀現象，也易短壽。

身命同宮有破軍獨坐的形式

身命同宮有破軍獨坐的形式時，破軍為耗星，耗星入身命，多棄祖離宗、骨肉參離。這是一般有破軍在身宮、命宮的人的際遇。因為身破、命破，人生中必有一破，就是會遠離家人、六親無靠，才能浴火重生，因此刑剋極重。其人會經過很多波折後為修道命。有文昌或文曲同宮於身命，為『窮』的命格，要小心身體也窮需注意健康問題，易有病，主奔波勞碌、飄蕩不已。有擎羊同宮，為『刑破』，易有殘疾，外虛內狠，有破面或痲面，奸滑不仁、狂傲多疑，奔波勞碌、心情不開朗，易積勞成疾、六親不利，為孤獨命，也易走修道命之路，身體必遭血光，有多次開刀經驗，或有車禍傷災。或有帶疾延年之狀況。有陀羅同宮亦然，身體有縮腰厚背、駝背之體態，要離開出生地才能發達。其人天生較笨、性格較悶、身體也必有刑傷，要小心傷災血光與帶病延年之事。與火、鈴同宮，有官禍、傷災。有劫空或化忌同宮，主刑剋破耗成空，及爭鬥是非而成空，經波折過後為修道命。有祿存同宮，破耗的狀況會減小、減緩，但仍是『祿逢沖破』，其人仍會小氣、保守、財少、存不了錢，易與父母祖上無緣，二姓延生，做人養子，容易懦弱，一生命不好。

身命同宮有祿存獨坐的形式

身命同宮有祿存獨坐的形式時，則其身宮命宮必為『羊陀相夾』，主凶。一生受他人欺侮、會懦弱、孤獨、多刑剋，亦會二姓延生，做人養子，或不名譽的出生，為私生子。其人形態孤寒，為守財奴，特別吝嗇，有屬於自己的頑固，天生受到刑剋，也壽命不長、身體健康也會較弱，尤其內臟肝腎胃脾易有疾，陰虧陽痿，能孕育後代之機能很差，終身勞碌，為衣食忙碌。

身命同宮有文昌獨坐的形式

身命同宮有文昌獨坐的形式時，要看文昌旺陷而定。居旺時，長相清秀儒雅、有風度、好學精明、學識廣博，做事先難後易，有腸部疾病、暗痔等。文昌居陷入身命，臉上多斑痕、胎記、痣及斑點，外型粗俗，知識淺薄，為巧藝之人或下人，會帶疾延年。有化忌同宮，頭腦不清、聰明不用功，也精神不能集中。身體帶病延年的狀況明顯。

身命同宮有文曲獨坐的形式

身命同宮有文曲獨坐的形式時，居旺時，為『桃花滾滾』格，易臉上有痣、口才好，有才藝、文雅風騷。對宮有煞星沖破，為便佞小人，趨強附勢，易為桃花所苦。文曲居陷時，口才不佳、才華少、較靜，桃花少，或桃花變色，亦會林泉冷淡，少與人來往。有化忌同宮，身體有病，有桃花纏身，說話不清楚或詞不達意。

身命同宮有昌曲並坐的形式

身命同宮有昌曲並坐的形式時，為桃花格式，其人心情不穩、思想易變動，喜好桃花享福之事，會風流且感情波折多，易為偏房或同居命，會依靠他人生活，自己不想負責任。有擎羊、火星同宮時，桃花會有時有、有時無，為頭腦不清、脾氣壞、刑剋、操勞、身體有傷殘，桃花易遭傷中斷，或因傷災而短命之現象。

身命同宮有左輔、右弼獨坐的形式

身命同宮有左輔獨坐的形式時，其人為離宗庶出，或為私生之子，在別人家長大。身命同宮，宜在四墓之地最吉（在辰、戌、丑、未宮最吉），否則身命不旺易遭刑。其人一生也易靠人提攜而有成就，運程不繼，則波折坎坷。

身命同宮有右弼獨坐的形式時，其人亦為離宗庶出，或為私生子之人，在別人家長大。身命同宮宜在四墓之地為吉，否則易遭刑剋。有羊、陀在對宮或同宮相照，易受人利用，意氣用事，助惡不助善，一生命運坎坷。

身命同宮有左、右獨坐的形式時，為『桃花格局』，其人出生即為庶出、私生、離宗而出生的人，和父母無緣，未來也會成為別人的第三者，有感情困擾、婚姻不正、婚姻波折，一生靠人生活，不想獨立生活。再有羊陀同宮，易為小人，為人幫傭而生活。

身命同宮為羊、陀獨坐的形式

身命同宮為擎羊獨坐的形式時，主其人有刑責官非、傷殘、破相、眇目、麻臉、奸滑不仁，性格剛暴、孤單、視親為疏，對善者怨恨，也易離祖生存，離開出生地較好，會六親無依。身命在四墓宮較吉。在子、午、卯、酉宮為凶。在酉宮特凶，主凶死橫夭。其人也易住於路旁，或住於墳墓旁邊，因天生有刑剋，會孤單、二生延生、巧藝維生，並大膽、粗俗、不畏血光及髒亂、低賤。也易身有傷殘、性格凶殘、不善終。

身命同宮為陀羅獨坐的形式時，主其人會孤單、棄祖而生存，宜入贅妻家，二姓延生、改姓、巧藝維生。不可久居出生血地、易惡死。宜移居外地為佳。女命為外虛內狠、無廉恥，又刑剋家人之命。其人易背部突出，厚背縮腰，或有羅鍋現象，也易居於殘破、雜、多石塊之亂石或亂葬崗之旁。

身命同宮為火、鈴獨坐的形式

身命同宮為火星獨坐的形式時，易有麻面、傷殘、官災、患疾、性剛、火爆、狠毒，幼年災迍、難養，宜二姓延生，或過房離祖，多庶出或私生。居於身命，必有刑剋傷亡之災。女命一生多是非下賤，外虛內狠，傷夫剋子，多邪淫。火星在身宮，易有火災、燙傷之災，易不善終。

身命同宮為鈴星獨坐的形式時，易面形古怪、性急孤僻、膽小、多傷剋、麻面，會羊陀而形貌不清、醜陋，或有傷殘、破相，帶疾延年，有顛狂之症，重拜父母為吉。女命不吉、六親不合，貧寒、多邪淫、下賤之命，亦會凶死。鈴星入身命，易有交通事故之傷災及燙傷、發炎併發症。易不善終。

身命同宮為天空、地劫的形式

身命同宮為天空或地劫的形式時，天空、地劫二星皆是孤獨飄泊星宿，又在身命同宮之所，易接近宗教，過修道之生活。有此身命者，幼年難養、離宗他出、過繼，二姓延生，或飄泊外地為佳。一生勞心、苦志、孤僻、行事不長，工作不長久，個性不穩、不合群，也易有失職、損壽之災。此命格是本命不強，本命財少，一生飄泊不定、生命不長之命格。

身命同宮有化忌的形式

身命同宮中有化忌的形式，必看是何種化忌，再看化忌之旺陷。再看有無其他煞星，再一起和身命同宮中之主星一起來評定吉凶度。例如是**太陽化忌**，則為『刑官』格局，一生的問題在於事業和智慧不佳。居陷時刑剋尤重。**天機化忌**為『刑運』格局，也刑聰明智慧，居陷時，多是非災禍，或因笨受剋。**廉貞化忌**為『刑官』、『刑囚』格局，有事業、桃花、官非之刑剋惡事。**巨門化忌**為『刑暗』之災，有是非、爭鬥、口舌、病痛、性命之災。**太陰化忌**是刑剋錢財、感情、薪水工作，和刑剋母系親屬關係之災變。易使母系親屬遭災不幸。**武曲化忌**為刑剋錢財、金石之災、鐵器傷災、血光、開刀、窮困之災，也易傷殘，是『刑財』格局。**貪狼化忌**為『刑運』格局，會人情冷淡、孤獨、不婚、晚婚、無財、無工作，人生晦暗，人生機會不多。**文昌化忌**是頭腦古怪、計算能力及聰明度不佳、易有官非、契約、文書之災。**文曲化忌**是人生面中之上進、熱鬧、人緣好壞、聰明、官非、才華、吵雜與安靜、動感與靜態相互間之不協調，也是刑剋。

＊**凡有化忌在身宮的人**，皆有頭腦不清、性格頑固、古怪，人生中有多事會繞道而行，人生有起落變化。其人身體亦有刑傷，為資源受損之格局，其人也不易出名，成就會受到壓制。

對你有影響的『身宮、命主、身主』

第六章　身宮在夫妻宮之形式

身宮在夫妻宮的形式

身宮在夫妻宮有紫微星時，表示你一生中最喜歡談愛情，而一生中的最愛的是你的配偶，其實愛的也是你自己。你會找條件十分高層次、高於自己本身條件很多的人來談戀愛，或選來做自己的配偶，你會評量彼此付出的感情，一定要對方付出的較多，你才會甘心。如果身宮在夫妻宮又有紫府時，此狀況尤其嚴重。身宮在夫妻宮的人愛結婚，過婚姻生活、最愛家庭和配偶，重視自己的另一半。常常他們對小孩都馬虎和不在乎，但對配偶很疼惜、愛護、黏得很，而且覺得自己此生來這世界，就是來找心愛的另一半的。未來他們對待其他的人，也會用情來論理。用搏感情的方式來和人交往。如果踢到鐵板，別人對他冷淡以對，他就會份外痛苦了。

身宮在夫妻宮又有紫微星的人，是此生能得到自己想要的愛情。在感情上很富足的人。其人在八字日柱上天支會相生或得祿，也會十分完美。因此會有好配偶。

身宮在夫妻宮有紫微加煞星時，有擎羊同宮，為『奴欺主』的格局，其人也會懦弱，有邪淫思想，為人惡質，亦會碰到外表不錯，但內心險惡之配偶，有此格局的人，還會找到家世比自己低，或為僕人階級的人，來做自己的配偶。例如以前娶丫嬛為配偶的人，或美國富家千金嫁給自己的保鏢或美髮師等等。有火、鈴同宮時，其人心情浮躁、不清閒、脾氣壞，亦會碰到脾氣不佳之配偶，婚姻不美。有地劫、天空同宮時，表示內心非常重視愛情。但是內心很空洞，也不知道自己到底喜歡什麼樣的情人和配偶。因此即使遇到了，也常易錯過。

身宮在夫妻宮有天機星時，表示你很重視愛情和感情，常以自己內心的感覺和感受來看待你周遭的世界。你內心極喜愛聰明靈巧的人，非常討厭笨拙的樣子。你心情善變，容易見異思遷，天機居旺時，你還真能找到聰明靈慧的人來做你的配偶。天機居陷時，你只找到會耍小聰明而無用的人做配偶，沒多久你就看穿他，相互水火不容了。有羊、陀、化忌、火鈴、劫空同宮時，你重視的感情是一種有刑剋的感情。這些感情都會讓你痛苦、孤獨，你內心也會不聰明，作繭自縛，有『巨、火、羊』在三方會合時，會為情自殺，有憂鬱症。。

身宮在夫妻宮有太陽星時，表示你一生中的最愛的是有寬宏心胸、坦白無心機，又能灑脫、不拘小節，像陽光熱烈揮灑的人。當太陽居旺時，你本身給人的愛情也是類似陽光般暖烘烘的感情，讓人很舒適溫暖，也想熱烈回報。當太陽居陷時，你本身會害羞內斂，不太敢表現愛情，但內心仍熱情澎湃，你很重視配偶的工作、事業，太陽居旺時，你會找工作能力好的人。太陽居陷時，你會較馬虎，覺得配偶有工作就好了，未來配偶會中年怠惰，工作有中斷情形，或提早退休。有擎羊、陀羅或化忌同宮時，在你的八字日柱上有傷官格局，因此配偶有事業不順的情形。你本身也會想法奇怪，不認為工作很重要，你會覺得自己較重要，你和配偶間有刑剋，易不婚、晚婚或離婚。

身宮在夫妻宮有武曲星時，表示配偶是你的財星。在你的八字的日柱上日支必為天支之財星或祿星。例如丁酉，酉中辛金為丁火之財星。例如乙丑、丑中己土為乙木之財。又如日主乙卯，卯中有乙祿（乙木之祿位）。

亦表示你一輩子很重視感情，而重視感情的方法是以錢財來表達的。你也會找到一個很現實、只愛財的配偶。因此你會用金錢或金銀鑽石，有高價值的寶物、錢財來向愛人或配偶表達心意。

當有羊陀、火鈴、化忌、劫空、七殺、破軍同宮時，是『刑財』格局，或是『因財被劫』。表示你是個天生慳吝的人，也會找吝嗇小氣的配偶，你會有金錢的麻煩、困擾。配偶更會搞出一大筆爛債出來。。因為你會心窮、只看得到表面，結婚後，才知道原來配偶也這麼不會理財和更會耗財。

身宮在夫妻宮有天同星時，居旺時，你的性格穩定，很愛談戀愛，對任何事不計較，做人很世故。你也會找到溫和、好相處，肯和你好好過日子的人來做配偶，生活平淡但很實在。居平時，你會為婚姻或愛情有些忙碌，但也還好。居陷時，為同巨同宮，表示夫妻間常有小口角，你會唸他，他也會唸你，很嚕嗦。同時表示你的靈魂深處總有一個麻煩事在隱隱約約的困擾你。有羊、陀、火鈴、化忌、劫空同宮時，配偶有傷殘現象，或是配偶做別人的下人、幫傭、看家護院、管家之類的人，或是配偶無工作，須要靠人生活。

身宮在夫妻宮有廉貞星時，表示你重視感情之事，好桃花淫慾，也會為桃花爭風吃醋，和人爭鬥不停，廉貞居陷時為廉貪，表示有品行不佳之配偶，當夫妻宮有廉貞星時，其人在八字日柱上就會遇官煞強之格局，因此容易婚姻不美。身宮又落夫妻宮時，會愛人愛的辛苦。配偶及愛人又會強悍又有很多桃花。因此男子有此格局時會娶娼妓為妻，尤其夫、官二宮有『廉貪陀』之『風流彩杖』格時，男女皆會有不正常之婚姻或戀愛關係，而人生層次很低，在粗俗的愛戀中混日子。有羊、陀、火、鈴、化忌、劫空同宮時，桃花變色。懦弱、刑傷，相互爭鬥不止。會有不倫的感情，也會受感情之累而人生胡亂過了。

身宮在夫妻宮有天府星時，表示你很愛談感情，以感情為重，而且你會找到財多的配偶來幫助你。有此身宮在夫妻宮的人，你也會六親不缺，對待配偶的兄弟、家人都會照顧。你會把配偶放在第一位上。有羊、陀、火、鈴、化忌、劫空同宮時，是『刑財』格局，你會非常小氣吝嗇，配偶也是吝嗇之人，奸詐、自私、相互刑剋。你會痛苦而財不多。

身宮在夫妻宮有太陰星時，居旺時，你非常重感情，又喜歡談戀愛，凡事講求靈感和靈性溝通，也容易多愁善感，情緒易起伏不定，你也能有妻財（配偶之財）花用。會找到貌美如花的配偶來談一生的戀愛。夫妻宮為身宮又為太陰居陷或太陰加羊陀、火鈴四煞時，有隨母繼拜、離祖過房為養子之情形。有這樣命格及夫妻宮的人，也會有窮的配偶，夫妻倆為錢財爭執、感情不睦。同時配偶也是個工作不順、層次低，為別人管事，不能獨當一面的人。

身宮在夫妻宮有貪狼星時，其人重視感情，但愛的馬馬虎虎，只貪圖對方外表的美貌，其實一點也不瞭解對方個性。未來在感情上也是見一個愛一個，不會留下很深的感情。夫妻宮有貪狼星時，其人就很貪心，又是身宮也在夫妻宮，代表內在靈魂也貪，你會為感情來求表現、好嫉妒，但也會找到善妒之配偶，使自己受苦。你會很潦草的談了戀愛結婚，後面的問題才讓你煩惱不已。倘若有羊、陀、火、鈴同宮時，配偶性格古怪，同時你也是個脾氣古怪的人，你會貪和別人不一樣的東西，夫妻間也會有刑剋，彼此不能溝通，或配偶太凶、沒品行，家有悍妻、悍夫，婚姻不合諧。

身宮在夫妻宮有巨門星時，表示你很重視配偶，但夫妻間多口角或鬥嘴。你和配偶都是很挑剔的人，也有相同的嗜好是好吃食享受，彼此都是口才好的人。你們在婚前就是非多，婚後也不安寧，當夫妻間的爭鬥化暗為明時，就會離婚。巨門居旺時，你也會忍受一輩子也不離婚。倘若有羊、陀、火、鈴、化忌、劫空同宮時，你是一個天生愛爭鬥的人，也會不婚或晚婚，或再找到一個天生愛爭鬥的人來做配偶，婚姻不美。

身宮在夫妻宮有天相星時，居旺時，你重視穩定平和的感情。能找到相貌堂堂、溫和、會處理事情，能做好幫手的配偶。你也能在事業上打拚有好成績，也會偷偷存一些私房錢。有擎羊同宮時，為『刑印』格局，你和配偶都會內心懦弱，有陰險、自私的想法，也會相互不信任、疑神疑鬼，但也未必會離婚。有陀羅時，配偶笨，你也內心笨、理財不行。有火星、鈴星同宮時，配偶會有病痛，或帶疾延年，夫妻感情不睦。有空劫同宮時，你與配偶感情冷淡，配偶也無意幫你忙了，你們會各自發展有自己的精神寄託。

身宮在夫妻宮有天梁星時，居旺時，表示你最在乎的就是配偶和婚姻了。你會擁有年紀比自己大的配偶。你會受到配偶體貼的、如父如母般的照顧。你所做的工作也會和配偶有關，十分幸福。天梁居陷時，你依然在乎配偶和婚姻，但你多半會擁有比你年輕的、或不會照顧你的配偶，因此你會常唸唸叨叨，把配偶和別人比較，結果配偶就更不想負起家庭的責任了。有羊、陀、火、鈴、化忌、劫空同宮時，你的最愛會讓你痛苦，此為『刑蔭』格局，因此你會終身處在不完美愛情的模式中折磨自己。

身宮在夫妻宮有七殺星時，表示你愛的很用力、很辛苦，很重視配偶和家庭，但夫妻間有刑剋，彼此不和。你對感情很堅持、頑固、死硬派、一點也不羅曼蒂克，也不會撒嬌或有一點情趣，因此夫妻間關係有時會緊張。另一方面，配偶性剛強，夫妻雙方都個性強悍，不易讓步，因此在婚姻生活中磨擦很多。如果配偶做軍警職，會好一點。有擎羊、陀羅、火、鈴、化忌、劫空同宮時，夫妻間爭鬥凶，會離婚或不婚，夫妻間也相互刑剋重，配偶也易有傷殘，早夭的狀況。

身宮在夫妻宮有破軍星時，表示內心喜歡的感情形式是不受道德規範約束的。什麼人都敢愛，人生中重視愛情和婚姻，但總是戀愛次數多，先成後破，或先破後成，婚姻不正，會愛了又拋棄，拋棄了又愛，破鏡重圓，或有不倫的戀情。其人生常在破破的愛情中浪費掉了。其人也易嫁娶離婚的人，或與人同居也不在乎。身宮有破軍時，其人本身的出身也不正，或為庶子，或為小姨所生或為養子女，故其人也不會在乎對象或配偶的身世背景，只要愛了，就照單全收。若有羊、陀、火、鈴、化忌、劫空同宮時，會晚婚、不婚、離婚，婚姻更不正，夫妻間有刑剋，你也愛不到什麼好人。夫妻間爭鬥凶，未來雙方都會向宗教、修道發展。

身宮在夫妻宮有祿存星時，表示其人很重視感情和配偶。但情人或配偶是性格保守、小氣、吝嗇的人。你自己本身也會保守小氣，六親不和。你喜歡的感情是一種保守的、不須要太多人知道的感情。夫妻間稍有刑剋，彼此溝通少，適合晚婚，桃花少。有火、鈴同宮會『祿逢沖破』，有天空、地劫，會『財祿逢空』，都是劫財的格局，這樣，此人也無法重視感情了，也不易結婚了。

身宮在夫妻宮，有擎羊、陀羅獨坐時，表示很喜歡談戀愛，但愛得很辛苦。夫妻間有刑剋，觀念、想法會不一樣，或被對方嫌棄。也易晚婚、不婚、離婚。你本身是一個非常自我又自私的人，會胳臂肘往內彎，對你心愛的人又要求過多，因此易感情不順，亦會因感情之事自殺或被殺。你也會為愛情做牛做馬，自苦一生。

身宮在夫妻宮有火星、鈴星時，表示你很重視感情和戀愛，但愛情的機會宛如偶然而起的星星之火，有時可以燎原，有時只有點點星火。你是內心易急躁、不耐煩的人。配偶的性子也很急，你高興時，能有戀愛機會，但時間過了，愛情就消失、不持久了。也會夫妻間好爭鬥、不和睦，彼此脾氣怪異，相互刑剋不合，易晚婚、離婚、不婚。

身宮在夫妻宮，有天空、地劫時，表示其人桃花少，很愛談戀愛、想結婚，但情感空泛，沒有遇到可相戀的對象，其人也容易感情冷淡，愛人不深刻，或有精神上的戀愛是其寄託，其人更容易接近宗教為修道之人。

身宮在夫妻宮有化忌星同宮時，表示重視感情，喜歡談戀愛，重視配偶，但會談到曲折的愛情，會找到脾氣古怪的配偶。你本身也是內心有很多古怪想法的人，你的感情表達方式古怪，不一定能真正愛對人。你容易晚婚、不婚或離婚。但只要找出自己情感的問題，婚姻問題就能美滿解決了。

第七章　身宮在財帛宮之形式

身宮在財帛宮的形式

身宮在財帛宮有紫微星時，表示其人八字中財多，且會相生而趨吉。並且是『財滋弱煞』，而煞能生官，相互得宜的格局，因此你的命格高貴，會以主貴來得財，能愛財得財，所賺之錢財，也是人人稱羨的官財。容易做公務員或政府指派之工作而賺錢。例如官派至私人機構中工作，也會生活享用優質、花錢高貴。如有羊、陀、火、鈴、殺、破、劫空、化忌同宮時，你會很愛錢，表面上花用高級的錢，用價格昂貴的物品，但賺不了那些錢，會受金錢拖累。有羊、陀同宮的人，會懶惰、不工作，或做下人之事賺錢，但花費高貴價格買昂貴之物品。

身宮在財帛宮有天機星時，其人特別愛錢如命，是用聰明來愛錢，但財運變化多端，未能完全掌控。其人八字中也會財不多，須辛苦勞力來賺錢。運差時也會窮困無財。其人八字命格中亦會多傷官和劫財，人生辛苦。若有羊、陀、火、鈴、劫空、化忌同宮時，為『刑運』格局，『刑運』也是『刑財』、『刑官』，故會愛錢不到，十分辛苦，更易人為財死，得不償失。

身宮在財帛宮有太陽星時，居旺時，是特別愛財，又得官旺之格局，求財得財，十分快活，會十分努力去工作賺錢。居陷時，為『刑官』格局，會愛錢愛得不算順利了。偶而也會痛苦，若有羊、陀、火、鈴、劫空、化忌同宮時，會愛財愛得十分辛苦、古怪，會有時勞碌、有時懶惰、頭腦不實際，故而命中財少，有刑剋。有羊、陀同宮的人，是會做下人、奴僕，也不一定能賺到錢的人。

身宮在財帛宮有武曲星時，武曲居廟才有財。此人命格八字中也多見財星，四柱都有財。其人特別愛財，在命格上，也是『財官俱旺』的人。財能生官，官又能制財，因此相互得宜，就能擁有大財富了。但是命格中只要再多出現一個煞星，如殺、破、若有羊、陀、火、鈴、劫空、化忌同宮時，皆為『刑財』格局。有『刑財』局的人，不是無法任財，摸不到財，就是八字中財星受制，或受沖剋，剋去財星，而為不吉之命了。因此在命局中多半以財星或蔭星來救助。有煞星同宮的格局，全是『因財被劫』的格局，會愛錢愛不到，十分辛苦、痛苦，宜多修道或宗教中安身。

＊身宮有刑財格局的人，其健康也是堪慮的，因為也會刑剋生命資源的財。也會有傷災、傷殘，或不能生育方面的困擾。

身宮在財帛宮有天同星時，居旺無煞時，主天生福厚，能自然而然得財。有父母所給之財，有祖先遺留之財，也有國家或公家機關所給之財。其人雖很重視錢，在乎錢，但還輕鬆自在的享用錢。每月也有固定的錢財入庫過日子，生活及心情平順。如有煞星同宮為『刑福』格局，愛錢易愛不到，本命財少，又易逢劫財，一生不富裕，會被錢追著跑。有羊、陀同宮的人，易有傷殘現象，也會貧窮。身宮落於卯、酉宮者，易凶死早夭。有祿存同宮的人，過小日子、享小福，人生不算富裕。

身宮在財帛宮有廉貞星時，會愛錢、又賺桃花財，即使做酒色特種行業來賺錢，也在所不惜，命格低賤。有煞星同宮，更邪惡、為娼妓、吃軟飯、做小狼狗、被包養之流。即使老了，仍在情色場所打滾討生活。有火、鈴同宮的人，會賺狼心狗肺的錢。有昌曲同宮，會賺騙人、油腔滑調、好色、勒索的錢財。有羊、陀同宮為鼠輩，會盜取錢財銀兩。有左輔、右弼之一同宮更驗。有劫空、化忌同宮，愛錢愛不到，桃花財也常成空，或有官非災禍，財來財去，辛苦無常。

身宮在財帛宮有天府星時，其人特別愛錢又吝嗇，很會存錢，其人命宮有天相星，因此會理財，但不太會投資，一生之生活能富足，但未必是大富之人。而且用錢斤斤計較，較與六親有衝突。有羊、陀、火、鈴、劫空、化忌同宮時，其人性格奸詐、不正派、對別人吝嗇，對自己大方。為『刑財』格局，身體也會有傷殘和病痛現象而不吉。其人做公教人員而得財用較好，做生意有缺失、不吉，會虧損。

身宮在財帛宮有太陰星時，居旺時，八字命格中有妻財，特愛賺錢，其人八字命格中並不見得財多，而是財星容易在支柱上，如日支、時支等。其人仍可能會有庶出、隨母繼拜，或離祖過房等等的狀況。太陰居陷在財帛宮又為身宮時，會天生窮困、愛財愛不到，並且隨母改嫁，或過繼、改宗姓之事更易發生，是從小便辛苦過日子的人。再有擎羊、陀羅、火星、鈴星、劫空、化忌同宮，刑剋更重，並刑剋家中陰人（女性），一生貧苦，勞碌、奔波不能停。易有傷災、傷殘現象，以及不能生育，或不婚及離婚現象，這些都是命中財少，或刑財的原因而感情不順的。

身宮在財帛宮有貪狼星時，居旺時，非常貪心愛錢，但也天生有好運來愛錢，人生以搜刮錢財為目標。無煞星同宮時，會有機緣為大富之人。要看八字本命帶財多少而定。雖居旺有羊、陀、劫空、化忌同宮，皆為刑運及刑財格局。此處『運』就是『財』。刑運就刑財，而一生追著錢財跑，勞碌而命窮。或做一些辛苦之事，而賺不到錢。居平陷時，愛錢但貪不多，不會貪，不知如何貪財，易好花酒，以破家。

貪狼居旺在財帛宮又為身宮者，也會好花酒、賭博，並常以此為賺錢方法，要小心落入風塵賺淫色桃花之錢。此命格之男女皆會為色情、花酒或賭博之事肯花錢。有昌曲同度（同宮或相照），做人不實在，尤其在錢財易吹噓，賺昧於良心之錢。有火星、鈴星同宮，主其人命中有橫發格，有『火貪格』、『鈴貪格』。此人也是能貪，人生且有機會大放異彩、一鳴驚人，有大富貴之人。以武職為佳。其人性格古怪，也要小心立戰功後，一命嗚呼。

身宮在財帛宮有巨門星時，主其人命中財少，一生易因錢財多招是非。因錢財六親寡合，其人特愛財，一生以錢財為目標，賺錢多競爭才能得到。一生多勞心用力、口舌便佞，會用騙術來賺錢。居旺時，會不顧是非、官非糾纏來賺錢，人為財死。有羊、陀、火、鈴同度來沖，為『刑暗』格局，其人一生財不順，更是要殺頭的錢都敢賺。且在賺錢過程中，定會遭受刑配入獄之事，人倘若懦弱不賺錢了，也能依附別人過日子。

身宮在財帛宮又有巨門加文曲的人，為桃花重，愛錢又喜歡賺桃花錢或賺拉皮條的錢的人。身宮在財帛宮有巨火羊格局的人，會愛錢，又常為錢財有厭世的念頭，為錢自殺。因身宮有巨門，其人出身即不佳，出身低或家世複雜，為人輕視。

身宮在財帛宮有天相星時，居旺無煞星同宮時，愛錢有方法，能有善福得財。一生有優厚的物質生活，命中帶財多，能有高壽。居陷時，主其人無福、勞碌，或不光明正大，為侍女輩或下人、奴僕之之命格，賺錢也是賺為人做牛做馬之錢財。亦會不聰敏，會窮困一生。

有擎羊同宮時，易為人踐踏、欺侮、輕視，為儒弱受欺之輩，天生命格也低、不正派，為人所看不起，亦會有傷殘現象。有陀羅、火、鈴、劫空、化忌同宮時，有傷殘、病痛、福不全、下賤、短命之命格。

身宮在財帛宮有天梁星時，居旺時，你八字命格中也是財蔭旺的格局，你會有財星在年柱和月柱上。因此你能得祖先、父母所遺留給你的財。如果你有年長的配偶，也會給你財。你一生中受人照顧多。你很愛錢，但多半想不勞而獲，而且你還真能迎合長輩或貴人，得到他們的喜愛給你錢花。居陷時，你八字上少有財星在年月之上，你能得貴人財少。你仍會是依賴人生活的人，但所能依賴的錢也少。你也能自己賺一些錢來生活，但人生多辛苦勞碌。你一生常為得不到大財或多一點的財而抱怨。有羊、陀、火、鈴、劫空、化忌同宮時，易無家產相承。在你的命格中也會是『蔭星逢剋』的格局，同時這也是『刑官』格局，故你自己也無能力賺大錢，你易貧窮、孤獨、工作不平順，一生愛錢，又被錢財擺一道。

身宮在財帛宮有七殺星時

，其人必是破軍坐命的人，命破、身殺，必是官殺守身，因此多勞苦，也必定早年艱辛、幼年困苦，成長以後漸漸變好，此命格的人，會狠狠的愛賺錢，貪財忘命，會離鄉自立奮鬥、白手成家，是戰將不離鄉而沒有戰功的人，而且不依祖業，能得人提攜、多做副手起家、漸次掌權。有七殺在身宮的人，易為人做僕做奴而吃苦耐勞、堅忍不拔的爬起來，爬上高位。因此是英雄不怕出身低的人。同時也是為了賺錢、為了錢財，可以低聲下氣來為僕為奴的人，但此種身宮在財帛宮有七殺星的人，仍然要小心刑剋、傷殘、孤剋、傷及子嗣，也易不留祖業，晚年有『一生辛苦為誰忙』之嘆！有擎羊、陀羅、火星、鈴星同宮，財不多，也必不善終。

身宮在財帛宮有破軍星時

身宮在財帛宮有破軍星時，破軍在數為殺氣，為耗星，為專司夫妻、子息、奴僕之宿。因此破軍多消耗在這方面。有此種身宮形式的人是貪狼坐命的人。有此身宮時，很愛錢，但會以破財為賺錢的方法，很是古怪。常常他愛錢愛的很離譜，喜歡巴結權貴、投資權貴，自以為能由別人身上賺到自己想要的財富，但最後總是得不償失。身宮有破軍星，又是落在財帛宮時，表示為財什麼事都可做得出來，這也是命中財少、劫財多，傷官多的人。以致於讓自己辛苦，此人會中年以後經過很多波折以後為修道之命。有耗星在身宮的人，也容易棄祖離宗、遠離家鄉，和家人分開，骨肉參離。

身宮有破軍再有擎羊或陀羅時，愛錢會愛不到，身體易有傷殘現象，易窮困，或有夭折之命。有破軍、火星在身宮又為財帛宮的人，是靠鬥爭起家來賺錢的人，但人生有起落，不全美。也容易身體有傷殘現象。有破軍、地劫或天空在身宮，又為財帛宮的人，本命無財，也會清高，對錢財不實際，有錢很快的耗空了，既愛錢又沒有錢能讓他愛。

身宮在財帛宮有祿存星時，表示其人天生愛錢，為守財奴，又小氣，捨不得花錢，會天天怕別人覬覦其錢財。亦會因錢財之事，寧願孤獨、六親不認，也要守住自己之財。一生孤獨刻薄，二姓延生，為養子養女或改嫁入贅。有火、鈴、劫空、化忌沖破時，為巧藝之人，錢也存不住，但仍有衣食而已

身宮在財帛宮，有擎羊、陀羅獨坐時，此為身宮中有刑星，又愛錢財，因此很愛賺錢，或想各種辦法搞錢，但賺不到什麼錢，只能用流血、流汗、粗俗的、賺低下工作的錢，倘若對宮桃花星多時，會賺色情行業的錢。有擎羊、陀羅在身宮的人，是為僕為奴命格的人。從內在思想上就會為了錢而懦弱肯於俯首聽從主人的話。身宮中有羊、陀，表示天生有刑剋傷災、血光，要小心殘疾問題。

身宮在財帛宮，有火、鈴獨坐時，要看火、鈴的旺弱，火

鈴居廟旺時，表示其人愛錢愛得古怪，賺錢狠毒、大膽，會出怪招來賺錢，更喜歡用賭博的方式來賺錢。其人賺錢不是用天天上班的方式來賺的，而是常不工作，偶而賺一票大的，可用三年。常常以逸待勞的在等待機會、找到獵物而撈錢。這種方式是有刑剋、傷亡的，其人在現實生活中仍會離祖過房、二姓延生，刑剋六親，為孤獨命，其人也易一生多是非下賤，有牢獄之災，有邪淫的關係。

身宮在財帛宮，有天空、地劫時，表示很愛錢，很想賺錢，但愛錢愛不到，賺也賺不到自己想要的錢，每日空談些不實際的想法很多遍，但都不一定會實行。其人會做一些事和他所愛的錢、想賺錢的想法是背道而馳的。這也是說：其人好高騖遠很嚴重，很愛錢，整天想摟錢，但總摟不到。這種人真正的大錢不敢貪，而只貪些小錢。因此也常被自己的膽小而氣到。身宮有空劫時，表示其人靈魂是飄浮不穩定的，也很容易像風箏斷線般折斷，因此要小心會短命。

身宮在財帛宮有化忌星同宮時，是內心十分愛錢、價值觀十分勢利，但又愛錢愛不到，十分古怪的樣子。有**太陽化忌**時，是刑官格局，故會很愛錢，但工作做不好，而沒錢，金錢不順。有**天機化忌**時，是刑運、刑智慧的格局，故會頭腦不清，對錢財很笨，又失去機運，故錢財不順。有**太陰化忌**時，是內在感情不順和薪水工作不順，故而沒錢，亦會得不到配偶之財，是本命窮。有**廉貞化忌**時，亦是『刑官』格局與桃花變色，要小心愛錢、貪財勿惹官非，或賺桃花色情錢財，否則有災、財不順。有**巨門化忌**時，為是非爭鬥之財，會一想賺錢就有是非爭鬥，以致於太辛苦又財少。有**武曲化忌**時，是特愛賺錢，但腦子裡對錢財的理財方法是亂七八糟

▼對你有影響的『身宮、命主、身主』

的胡搞，根本不會理財。故而愈想賺錢就愈有金錢麻煩和糾紛。有**貪狼化忌**時，是錢財沒機會、財運不佳，也喜歡貪一些奇怪的、不實際的東西。你仍然十分愛錢，想賺也賺不到。有**文昌化忌**時，你很愛賺錢，但數字算不清，對理財和會計不精通、不精明，會困擾多、愛錢愛的辛苦。有**文曲化忌**時，你很愛錢，也愛賺錢，但周圍常不熱鬧，你也沒有推銷的才華，所以你根本沒有聚集人氣的才華，因此錢也不會經過你這裡，財運也不來，會讓你很鬱卒。

第八章　身宮在遷移宮之形式

身宮在遷移宮的形式

身宮在遷移宮有紫微星時，表示你最喜歡外出，每一天都要出門，在家待不住。因為外面的世界對你來說是十分吉祥、有趣，又高貴、美麗，你周圍所遇到的環境好，在外面比在家舒服，又有錢賺，自己又被捧得高高的，因此很快活。有些經常沈迷在酒店中玩樂的人，就是具有此種遷移宮而在外留連忘返的人。

身宮在遷移宮有紫微時，你天生會往高級房子，會結交權貴，你能形成一種高貴、美麗的磁場，因此會吸引尊貴者前來。有羊、陀、火、鈴、化忌、劫空同宮時，環境中有刑剋，你也會懦弱，會營造不好的環境，你喜往外跑，機遇不算很好，但仍能平安有福，這是紫微平復災厄的能力所致。

身宮在遷移宮有天機星時，表示你最喜歡往外跑，在家待不住，因為外面的環境變動很大，很快，外面也有聰明的人，和變化有趣的事物時時刻刻在吸引著你，使你不由自主的想出去，未來你的世界也會變大，成就會變高，運氣會變好，因為你的身宮有天機，居旺時，能隨機應變，天生又好變，亦有聰明過人之智慧，對掌握機會很有靈感。天機居陷時，代表外面環境很差、機運不佳。其人也會很笨，不能應變。有羊、陀、火、鈴、化忌、劫空同宮時，環境不佳，你易做低下僕人之工作，也容易沒工作，常失業之中。更要小心傷殘現象，並且你在出生時的身世也不好。

身宮在遷移宮有太陽星時，居旺時，你喜往外跑，在家待不住，你外面的環境是陽光普照的世界，你會擁有好工作、好事業，一生運氣也比別人好，未來前途無量。居陷時，你仍喜往外跑，不喜留在家中。你外面的環境晦暗，是『日月反背』之格局，你的工作、事業進進退退，沒有前途，也做不長久，賺錢也不多。你的運氣一直不好，未來也要小心眼睛不佳。有羊、陀、火、鈴、化忌、劫空同宮時，你外面的環境是會刑剋你的，你常愛往外跑，但在外面又不舒服，又跑回家了，就這樣來來回回的，你也不會嫌麻煩。

身宮在遷移宮有武曲星時，居廟時，你喜往外跑，外面環境中多財，在你的八字中的月柱是財星。故環境中有財，也表示你父母有財給你花。因此你會生在富裕家庭之中。過優裕的生活，未來你走到那裡都會帶來富有多金的生活圈，你是個天生命中財多的人。如果有七殺或破軍同宮，則主窮困，是『因財被劫』，就會有窮困的家庭和窮困的環境，也容易一生不富裕了。有羊、陀、火、鈴、化忌、劫空同宮時，表示環境中是『刑財』的環境，你也容易不想出去，在家中生活較愜意，也會周圍人都很窮了。

身宮在遷移宮有天同星時，你喜歡向外跑，外面有好玩及享福的事，你的心常在外面。你因周圍環境中很溫和，每天都快樂享福，你會太會玩了，除非做與玩樂有關的工作，否則會沒出息，沒奮發力。有羊、陀、火、鈴、化忌、劫空同宮時，要小心傷殘、傷災、血光或命不長，你周圍環境也是『刑福』格局，為福不全的狀況，一生的運氣不好，有帶病延年的狀況。

身宮在遷移宮有廉貞星時，你喜歡往外跑，但外面環境中多爭鬥，也有桃花，你會經營一些和政治有關之事，也會暗地裡經營一些檯面下之事。你的環境都必須用腦用計劃才能擺平。有羊、陀、火、鈴、化忌、劫空同宮時，你喜歡往外跑，但在外面待不住，因為環境中爭鬥多、煩惱多，你具有一些陰險的氣質，也可用企劃案或參謀的方式來賺錢過活。

身宮在遷移宮有天府星時，你喜歡往外跑，常待在外面，不喜歡待在家中，因為外面環境有財，你必須去賺。你的周圍環境像一個大財庫一般，很吸引你去爭戰、打拚賺錢。未來你也能把這種多財的環境帶到各處。有羊、陀、火、鈴、化忌、劫空同宮時，你會陰險狡詐、為富不仁。你周圍的環境是『刑財』格局，也會財少了。也要小心傷殘、傷災與財不多的現象。

身宮在遷移宮有太陰星時，居旺時，你喜歡往外跑，外面多財，周圍又有人會溫柔體貼的對待你，環境中的人對你很多情，很愛你，你的環境很好，很富裕，因此你過得很愉快。這在八字命格上來說，這是月份生的好。你也每天可有些小戀愛可快活一下。居陷時，周圍的人對你很無情、周圍情份少，環境也較窮，會生活辛苦，也不喜歡外出了。有羊、陀、火、鈴、化忌、劫空同宮時，都是會『刑財』，『刑感情』的格局，環境不佳，會窮，也會和女性不合，桃花姻緣少，易晚婚、不婚或離婚。也易眼睛不好，有失明之虞。身宮有陷落的太陰或有太陰、擎羊時，易有隨母改嫁或離祖、改姓之現象，易有傷殘、肝病的危險。

身宮在遷移宮有貪狼星時，你喜歡往外跑，外面多好運機會，亦能有偏財運，可好好利用。你會貪心很多，待在外面，五光十色十分開心。你的周遭環境是一個動盪變化、好運連連的環境，有好運就有財，因此你動作快，根本不想多研究了，會馬馬虎虎、不算用心的去看待這個世界。貪狼居陷或有羊、陀、火、鈴、化忌、劫空同宮時，你會在外面看不到好運，也會不想出去，而待在家中，你更會用腦過度，小心謹慎的過日子。要小心傷災，或運不好，或人緣不佳。有火星、鈴星同宮時，環境中就有暴發運，常在外面有意外之財，很快活。

身宮在遷移宮有巨門星時，表示環境中多是非，也表示口才好，以及環境中多競爭、爭鬥、能用口才擺平。亦要小心災禍會發生，居旺時，能因口才得財。居陷時，環境不佳，爭鬥多，口舌是非擺不平。有羊、陀、火、鈴、化忌、劫空同宮時，為『刑暗』

格局，其人多陰險，易有傷災，或刑配入獄，一生命不好。

身宮在遷移宮有天相星時，居旺時，其人愛往平和、有福氣、富裕的地方跑及待在那裡，亦表示在你的環境中多溫和、會做事、會理財的人。你周圍的人都是老實人，你也會平順享福，有衣食之樂，喜在外吃吃喝喝很快活。如果有天相陷落，則環境會窮困，沒福氣，其人也易身體欠安、有病。有羊、陀、火、鈴、化忌、劫空同宮時，為『刑福』格局。『天相、擎羊』為『刑印』格局，表示其人會懦弱，無法掌權管事，容易受欺負。女子有此格局，宜被強暴，要小心。有『刑福』或『刑印』格局時，也未必喜歡往外跑了。

身宮在遷移宮有天梁星時，居旺時，表示你喜歡往外跑，而你的環境主貴，環境中必有貴人。你也能努力往上爬，而有名聲。在你的環境中多年紀比你大的朋友或上司，會照顧你、提攜你，因此你能很快的成功或很快的學習有用的東西。天梁居陷時，你的環境中貴人少，你也不喜歡別人管你，你會凡事靠自己，你喜歡與比自己年輕的人來往。有羊、陀、火、鈴、化忌、劫空同宮時，是『刑蔭』格局，你會沒有貴人幫你，也會往上爬很辛苦，不容易有名聲。

身宮在遷移宮有七殺星時，表示你喜歡在外打拚，很辛苦。在你的八字中在月柱上有殺刃的格局，因此環境中就有刑剋，你會辛苦賣力，很忙碌，停不下來。但要小心傷災、車禍、血光。身宮有有七殺的人，容易早夭。如果再有羊、陀、火、鈴、化忌、劫空同宮時，有『路上埋屍』格，或因爭鬥、火拼有傷災，或病痛開刀，會身體不好。

身宮在遷移宮有破軍星時，表示喜歡在外打拚、奮鬥，在外多損耗，易犯小人。其人易破祖離鄉，不承祖業，人生多變動，奔波不安。要小心有文昌、文曲同宮，會形成『窮』的格局，便一生不富裕了。其人會大膽、敢衝、敢破壞、敢變化、敢除舊佈新、敢改革，因此環境多變化，但不一定是好的，有好有壞。有羊、陀、火、鈴、化忌、劫空同宮時，環境很破很差了。易為修道之命。人生也常破產、波折多，再打拚，東山再起。也易有傷殘現象或傷災、開刀、帶病延年之狀況。

身宮在遷移宮有祿存星獨坐時，表示其人的環境是孤獨、保守、小氣、吝嗇、孤寒的。其人喜往外跑，會獨來獨往，不想與別人打交道。此人會自己過自己的日子，錢財不多，剛夠衣食，很固定，又固執，不想改變什麼，自給自足過生活，而且還能存一點小錢。有火星、鈴星、化忌、劫空同宮時，為『祿逢沖破』。其人會較窮，財更少了。也存不住錢了。

身宮在遷移宮，有擎羊、陀羅獨坐時

，表示你周圍的環境刑剋極重，而你的元神、靈魂也遺落在外面，你喜歡往外跑，在家待不住，但到外面之後，也待的不舒服，又想回家。於是來來回回的，做不成太多事，有時候也不想出去。在你周圍環境中多小人和笨人。你周圍的環境多競爭、爭鬥，因此你的神經常緊繃著，絲毫不能休息。你也要小心在外多車禍、傷災，或是暗殺，有性命之憂。你一生多孤獨，周圍環境也雜亂不堪。八字差的，會住墳墓邊。八字高的，會做政治人物，你每日很操勞、做牛做馬，也易做別人的秘書、幫手、侍從、傭人、奴僕。你也易過繼給人做養子女，二姓延生。

身宮在遷移宮，有火、鈴獨坐時，表示你喜歡往外跑，脾氣急躁、火爆，而你周圍的環境是一種你急起來就突然熱鬧，熱絡起來的狀況。你不急時，周圍環境也很安靜。在你的環境中也常多是非爭鬥或突發災難，你環境中的人都有古怪聰明，好時髦、好流行，你也不能免俗的會追求流行，永遠是你心急想動、想搞怪時，瞬間你周圍的環境也都忙碌起來。你不想動、不想搞怪，也會周圍環境都沈寂下來。因身宮有火、鈴，你也容易二姓延生，重拜父母，你也易做別人的幫手、侍從，跟班或奴僕之人，對那人很忠心耿耿，你的人生命運也是很古怪的。

身宮在遷移宮，有天空、地劫獨坐時，表示你喜歡往外跑，在家待不住，但是外面環境中空空如野，你常看不到什麼東西，看不到什麼有趣的人、事、物，因此你又回到家中，你的內心不實際、會清高，不重錢財，也會好高騖遠，會常換工作。環境中也會常不熱鬧，很安靜，你也沒什麼力量改變它們。你遲早會接近宗教，成為修道之人。

身宮在遷移宮有化忌星同宮時，表示你常心在外面，而身體不想動，身體在家中，有時也會心悶，身心都困在家中。身宮在遷移有**太陽化忌**時，是和外面或家中的男子有是非、不對盤。你在事業上也易無發展。有**太陰化忌**時，你和所有的女人有是非、不和，工作也會斷斷續續不長久。有**天機化忌**時，環境和你都會愈變愈笨，自做聰明也自做愚笨，害了自己，脾氣古怪。有**廉貞化忌**時，環境中多爭鬥、和爛桃花及官非，你也會頭腦不清的扯上是非，而讓自己命運不佳。你的身體也會有血液方面的毛病。有**巨門化忌**時，環境和你都是頭腦不清，會愈搞是非愈多、愈大的人，一生也難清楚，環境中爭鬥多，天生就混，亂你也無能為力，只能一起打混混仗了。有**武曲化忌**時，你周圍環境是有金錢困擾和麻煩的環境，易欠債或窮困，或為錢爭鬥不停，你永遠擺脫不了此煩惱，一生都有金錢問題待解決。有**貪狼化忌**時，你人緣不佳，不愛外出，桃花少，異性緣會低，而且好運機會少，你不易結婚，較孤獨。有**文昌化忌**時，你的環境中是一種糊塗、計算能力不佳、馬馬虎虎、不聰明、不能幹、文化氣質有些古怪，必須有人來幫忙打點的環境，你會很難出名。有**文曲化忌**時，你的環境是熱鬥的有些奇怪，或是根本不熱門、才華古怪，或沒有才華的環境。因此你也很難出名。會人緣不好，或有口舌是非。

有化忌在遷移宮的人，都是較孤獨的人，再有身宮落於此，表示心靈無所寄託，易入宗教、修道，否則易有精神疾病，易自殺。

第九章　身宮在官祿宮之形式

身宮在官祿宮的形式

身宮在官祿宮有紫微星時，表示你很愛工作，以工作為人生中第一優先之事，有紫微表示能主貴，能往上爬、做最高負責人，做管理階級，也能在事業上賺到較好的生活之資。這就是你人生最大努力的目標，如果有羊、陀、火、鈴、化忌、劫空同宮時，工作多起伏、不長久、工作層次會低，事業的成就也會不佳。有擎羊同宮時，為『奴欺主』的格局，你會有有懦弱心態，也很難掌權做主當家管事，會為別人為僕為奴，忙和一生。

身宮在官祿宮有天機星時，表示你很重視工作，而且要做明聰明、有變化、不死板，要動腦筋的工作。你喜歡做奔波移動性的工作，不喜歡做辦公室太久，否則你就受不了。你適合做環境變遷很快的工作，例如記者採訪，每天遇不同的人，到不同的地方，運輸業、計程車司機，推銷員、設計繪圖、廣告業等等，你會做得好，太單調的工作會悶死你。有羊、陀、火、鈴、化忌、劫空同宮或天機陷落時，你會做與你本意不相同的工作，會勉為其難的工作，工作不長久，會斷斷續續，也會沒成就，你會愈做愈煩而不工作。

身宮在官祿宮有太陽星時，居旺時，表示你很重視事業及工作，而且事業運旺盛，前途看好，會如日麗中天，會為你帶來富貴。你適合做公務員，在朝為官，也適合在學術或司法機構任職，更適合在大財團任職做領導階級。居陷時，表示你很愛做事業，但會選擇檯面下的工作來做。例如做助理、秘書，或輔助角色，你的事業運不太好，也不會為你賺到很多錢。有羊、陀、火、鈴、化忌、劫空同宮時，你一方面熱愛工作，一方面又做不長久，或工作對你有刑剋，你會懶惰不工作，或做一些不情願的工作。你的思想上有問題，會一事無成。

身宮在官祿宮有武曲星時，居廟時，表示你一生中最愛工作，而此工作就是賺錢或搞政治之事。或做軍警業的工作。你的工作會為你帶來大錢財和財富或掌權。其實你的工作就是為了賺更多的錢，並不是想主貴做名聲的。有武殺、武破在官祿宮，又為身宮時，是天生窮命，會愈做愈窮，只適合做軍警業，才能有好收入來生活。做文職會做不久，也會貧困。有羊、陀、火、鈴、化忌、劫空同宮時，都是『劫財』格局，工作做不久，也賺不了什麼錢，且易欠債，或有金錢是非、官司之事。你也容易身體因工作受傷要小心。

身宮在官祿宮有天同星時，居旺時，表示能有固定、穩固的工作。而且你熱愛工作，你會用平和的方法處理工作上每一件事情，工作會為你來愉快享福的心境。你更容易在工作時用玩樂、享受的心情來工作。因此能激發更多的工作樂趣，這也是你的人生目標。有羊、陀、火、鈴、化忌、劫空同宮時，為『刑福』格局，會工作不長久或不工作，亦可能身體傷殘，或因公受傷、夭亡，要小心！

身宮在官祿宮有廉貞星時，表示很重視工作，而工作內容是明爭暗鬥的狀況，同時也是須要經過企劃經營的。你也容易在政治圈工作，或者不論你到那裡工作，那裡都會有政治鬥爭，相互攻訐，因此你會練就一身好武藝去競爭，在你老謀深算之後，也能得到你所想要的富貴。有羊、陀、火、鈴、化忌、劫空同宮時，或有廉貪在官祿宮時，你工作不長久，工作層次低，或為助手、跟班、幫手、秘書、司機、傭人，會做些沒名義的工作，也沒什麼可升遷的成就。

身宮在官祿宮有天府星時，表示很重視工作，工作上就是一個大財庫，你會在銀行或金融機構或錢多的地方上班。在工作上會一板一眼的算帳或儲蓄，你會有穩定和賺錢多又平穩享福的上班機構來讓你發揮所長和享福。有羊、陀、火、鈴、化忌、劫空同宮時，工作有不長久、斷斷續續的狀況。工作層次也不算高，你的能力略有瑕疵，你仍能工作賺到錢，但賺錢不如你的理想那麼多。

身宮在官祿宮有太陰星時，居旺時，表示很愛工作，而且工作薪水高，賺錢多，較富裕，易做會計、算帳的工作，或在銀行金融機構工作，或開商店做店員。工作場所女人多，或做女人的生意。你一生在工作上能得到大滿足，也會在工作之地談戀愛，找幸福。居陷時，愛做的工作都很窮，薪水不高，工作上和女人不合，你也無法做算帳的工作，你會工作愈做愈窮，也會做做停停。有羊、陀、火、鈴、化忌、劫空同宮時，工作不順利，易失業、賺錢少，也不易結婚，或婚姻有問題。

身宮在官祿宮有貪狼星時，居旺時，你熱愛工作，而且工作上有好運，你在工作上好貪權、貪財，因此會積極努力、企圖心很強。命中財多的人，會在工作上求財得財，有主貴格局的人能求貴得貴。你適合做到處奔波又競爭的行業，或是帶有慓悍性的工作，如軍警業會適合你，如果是廉貪或有羊陀、劫空、化忌同宮，則你的工作職位不會高，也較難持久，會一再換工作，工作不穩定，也難有成就。有火、鈴或鈴星同宮時，在工作上有暴發運，能建立功業主貴，軍職人員能立戰功，能得大富貴。

身宮在官祿宮有巨門星時，表示你重視工作和做與口才關的工作，在事業上競爭多，也是非多。你很喜歡用講的，或用刺激的方式來賺錢。你適合做公務員或薪水族、推銷員、老師、訓練員、仲介業、保險業，你喜歡工作，且會不厭其煩用講的，多講幾次。你的口才好，也不怕是非麻煩和挑剔，你會用自己的聰明去擺平他，當巨門居陷時，工作會競爭激烈、口舌是非多。也會職位難升遷，或做律師，只接案子而沒有再高的職位可升等了。有羊、陀、火、鈴、化忌、劫空同宮時，工作上競爭更激烈，但你會精神有些怠惰、提不起勁來。也容易工作進行不順利、半途而廢，或工作不長久、斷斷續續的工作。更會因工作上是非多而內心鬱悶，想不開，有『巨、火、羊』格局在對宮或三合宮位形成時，易自殺，有憂鬱症，也無法工作了。

身宮在官祿宮有天相星時，居廟旺時，表示你很熱愛工作，你很有料理事情的本領，又會理財，會辦事井井有條，按部就班。你是一個能幹的公務高手，你會有穩定的工作和收入，老闆或上司都很欣賞你。你適合做會計，或事務料理、業務工作，或管理階級，如經理、課長之流，會有很高的評價。你也適合做餐廳或服務業的工作，和衣食有關的工作，你都會喜歡。

若有羊、陀、火、鈴、化忌、劫空同宮時，工作不穩定，會做做停停，薪水也收入不多。有『天相、擎羊』為『刑印』格局，會被欺負，掌不到權無法服人管人，做不了管理階級，只會被人管，一生難有大出息，而且易失業，領不到錢。凡是官祿宮有刑剋時，不但工作不保，其人身體上也易有傷災，傷殘現象，要小心血光、病痛問題。

身宮在官祿宮有天梁星時，居旺時，表示你注重工作和名聲，在命格上你是『主貴』的格局，也會有貴人來介紹工作給你，幫助你高陞和達成名氣。你會做文職，也會具有高學歷，本身喜愛學習、頭腦聰明、能幹，未來會有大成就，適合做教授、老闆、政府官員，或研究機構中工作。居陷時，其人學習能力不好，也沒有貴人來幫你忙，你會做職位名稱不是很清楚的工作。工作上好像有你沒你都可以，不算很重要。

倘若有羊、陀、火、鈴、化忌、劫空同宮時，是『刑蔭』格局，因此不太會有人介紹工作給你。你也會不注重名聲，工作上較難出名或有成就。你會熱衷於有名無實的工作，或是名利皆不佳的工作。

身宮在官祿宮有七殺星時，表示你很愛打拚工作，但會做一些勞心費力的工作，你適合做軍警業，或做一些須要流血、流汗的二作，在你的八字命格中有殺刃在你的命格中，因此你會辛苦打拚，但更要看你的機運好壞與命格中財多、財少來定你人生成就的大小。倘若有羊、陀、火、鈴、化忌、劫空同宮時，要小心工作中易受傷或有傷殘、陣亡之事。如果有天空、地劫同宮，表示不一定用心打拚，或頭腦不實際，打拚到一些沒有實質效益的事情上去了。人生的成就會變差，有七殺在身宮的人，要小心壽短，或身體遭傷、開刀之事。

身宮在官祿宮有破軍星時，表示你很愛在工作上打拚。工作形態是具有消耗體力，或消耗錢財性質的，因此你會精神與體力皆耗損。你適合做有開創性質或改革性質的工作，也適合做資源回收或復建及重整類型的工作。辛勤的努力會有大發展。如果有羊、陀、火、鈴、化忌、劫空同宮時，會工作上爭鬥多、破耗多，回收利益少，也容易工作半途而廢做不久。更容易有傷災、傷殘現象，影響工作。有天空、地劫同宮時，會頭腦不實際，打拚不久，易接近宗教、修道，而沒有大成就。

身宮在官祿宮有祿存星時，表示你很愛工作，但工作是保守的心態，不會投資別人，也不接受別人的投資，更不會和人合作，會一個人獨立完成。你在工作上只賺一點點夠衣食的小錢，未來發展也不大。有火、鈴、天空、地劫同宮時，是『祿逢沖破』。工作很辛苦，所賺的錢被花掉了。同時你能在工作上賺的錢也會變少而不夠用。

身宮在官祿宮，有擎羊、陀羅獨坐時，表示其人非常愛工作、做事業，但是事業上有刑剋，你會做工作做不長。你適合做專業的工作、巧藝維生，例如做精巧手工的工作，或做與刀劍關的工作，或做廚師、裁縫師、理髮師之類有三把刀的工作。另外做外科醫生、屠宰的工作也包括在內。你的工作會和血光傷災有關。有陀羅入宮時，宜做墓園或喪葬業，會賺錢多，其他如競爭激烈、險惡的工作也都很適合，你亦要小心在工作上受傷。

身宮在官祿宮，有火、鈴獨坐時，表示你熱愛零星單件或一件一件的案子的工作，你不喜歡被朝九晚五的固定上班模式所綑綁住。反而零星式的接案子讓你有極大的自由感覺。你會偶而有時候很忙，很熱鬧，與奮積極。有時候很安靜沒人理，你工作上的進帳也是一點、一點零星式的非常不穩定。有這樣的官祿宮和身宮，你也容易做別人的護衛大將，很忠心的保衛主人或上司。有擎羊一起同宮時，你會頭腦不清，也未必有工作。

身宮在官祿宮，有天空、地劫時，表示你天生頭腦脫俗，有特別清純的聰明，但也會不實際，你很重視工作，但會重視一些內容空泛的工作，你會好高鶩遠，或做一些道德清高的工作，例如做志工、義工等等。真正上班去賺錢的時候較少，你也可以在學校或學術機構去發展，你會重視名聲重於賺錢多寡，身宮有空劫，要小心短命、夭折。

身宮在官祿宮有化忌星同宮時

身宮在官祿宮有化忌星同宮時，會十分熱愛工作，但工作又有些波折，所以工作易不長久。有**太陽化忌**時，是『刑官』格局，在男性社會中沒有競爭力，工作上多是非黯淡，一生事業不順。有**天機化忌**時，是刑運格局，也會刑聰明智慧，故是頭腦笨，無工作機運，而失敗。有**太陰化忌**時，是薪水上的問題，故易失去工作而錢財不順。有**廉貞化忌**時，要小心桃花官非、失職。有**武曲化忌**時，是錢財多是非的人，要小心欠債。有**巨門化忌**時，是刑運、刑智慧的工作，易多是非糾紛，居旺時，用口才可擺平。居陷時，用口才也爭不過。有**貪狼化忌**時，工作上沒能有好的機會，人緣也不好，你也不想貪，或會貪些奇怪的東西，對工作無益。有**文昌化忌**時，你會熱愛工作，但計算能力不好，文字上也會有些瑕疵，數字和理財能力不佳、不精明，會困擾多，工作上有許多辛苦。有**文曲化忌**時，你愛工作，但工作中常沒人緣、無法聚集人氣來熱鬧一點好賺錢，你也會沒口才、太靜，不能抓住賺取錢財的機會來招攬生意。

第十章　身宮在福德宮之形式

身宮在福德宮的形式

身宮在福德宮有紫微星時，表示你天生愛享福，沒有打拚精神會較懶散。但能享優質物質生活的福。你本命中就有能平復一切災難的力量。因此無論會遇到多大的難題、災變，你都能化險為夷而度過。你一生的努力，只是為了能得到最高的享受，所以你的人生不會有太大成就。你會自認高貴，不喜歡受人恩惠，所以精神上太空虛。有擎羊同宮為『奴欺主』的格局，其人會懦弱享不到福，會陰險操勞停不下來。有羊、陀、火、鈴、劫空同宮時，你會思想怪異、不實際，適合武職或技術格。

身宮在福德宮有天機星時，表示你很喜歡享福，喜歡享聰明的福，因此你會是個有求知慾及充滿好奇心的人。但是你的情緒容易起伏不穩定，有時有福可享，有時勞心勞力，或憂心忡忡，但大多數時間你都能享到福。當有羊、陀、火、鈴、化忌、劫空同宮時，會操勞奔波、福份淺、勞碌過一生，且為下人命格。

身宮在福德宮有太陽星時，表示你天生愛享福，居旺時，你的精神面是陽光燦爛的，有些男性化，凡事想得開，一生忙碌，但福份厚。如果有『陽梁昌祿』格的人，會知識水準很高，受人尊敬，是命中主貴的格局，其人也可享受到貴人運。居陷時，你的性格悶、精神面很晦暗，一生勞心勞力且欠安。有羊、陀、火、鈴、化忌、劫空同宮時，精神不愉快，會刑福，也會刑官，故事業上也會受影響。

身宮在福德宮有武曲星時，表示你天生喜歡享福，喜歡享賺錢與金錢有關的福氣。居廟時，能安然享福，你是個性格急躁、頑固的人。有武殺、武破在身、福之中，為窮命之人，會過勞碌窮困的日子。若武曲與羊、陀、火、鈴、化忌、劫空同宮時，是『刑財』格局，表示本命受刑剋，故會一生不富裕，也不輕鬆，你會操勞不斷，也會為人幫忙，甚至做下人維生。

身宮在福德宮有天同星時，表示你特愛享福，又真正是有福有壽之人。你也會心態平和、穩定，待人接物非常世故，是很會做人的人。但一生也不會有太大之成就，你只是會討人喜歡、人緣好而已。有擎羊、陀羅同宮，為『刑福』格局，有傷殘現象，或本命受到刑剋的而短命，你也會陰險、奸詐不善終。有火星、鈴星同宮，頭腦空空、不實際，享不到福，福不全，亦會短命。

身宮在福德宮有廉貞星時，表示你愛享福，但享不到福，是天生勞碌命，勞心勞力，日夜奔忙，但會忙中享樂，你在個性上也會是個性格善變、不穩定的人，你也會忙中享樂享一些桃花淫慾的福。在性格上你是善於鬥爭，也善於拉關係的人。廉貞陷落為廉貪在福德宮時，則福份少，會勞心勞力過日子，生活不算富裕。

有『廉相羊』在福德宮又為身宮時，為『刑囚夾印』在身福之中，有血光傷災與官非災禍，加化忌，必傷殘，要小心。有『廉殺羊』、『廉殺陀』在身福時，為『路上埋屍』格，亦會先天身體有傷剋、傷殘。也易勞苦、短命。有火、鈴同宮，其人會狼心狗肺，不善。有文曲同宮時，其人會油腔滑調，為好色之人。

身宮在福德宮有天府星時，其人一生福份好，一生重視的就是享福，愛享受物質上的優質條件，愛把錢花在自己身上，對別人較小氣，一生中還算多才多藝。天府在身、福之中，其人愛擺闊、愛面子，不實際，會遭人議論。有羊、陀同宮，為『刑財』格局，其人會奸詐及勞碌奔波過一生。有火、鈴、劫空同宮時，也是『刑財』格局，會勞碌而耗財或財空。

身宮在福德宮有太陰星時，其人好享福，以此人生目標，太陰居旺時，其人是思想浪漫、博學、愛談天，本命中也有一定的財，你會終身享福快樂。居陷時，本命窮，也享不到福。有羊、陀、火、鈴、化忌、劫空同宮時，你會終身操心、擔憂過日子。

身宮在福德宮有貪狼星時，表示其人特愛享福，但其人福份淺，一生勞心勞力，不安現狀，為一祈求過多的人。貪狼是貪心的星，也是好運星，在福德宮時，容易貪財、貪好運、貪機會，但也會貪吃、貪喝、貪玩、貪一切的物質享受。有羊、陀同宮時，其人狡詐，也貪不到了。有火、鈴同宮，會有暴發運，人生能主貴，但不長久，易暴起暴落。有劫空、化忌等，享不到福，會有思想古怪、不實際、清高，人緣不好，也會不貪心了，或貪一些古怪的東西，也根本享受不到福氣。

身宮在福德宮有巨門星時，你非常愛享福，但享不到福，你易頭腦想得多，糾纏不清，勞命奔波，徒勞無功，根本無福可享。有羊、陀、火、鈴同宮時，會一生在憂慮中過生活，且易有傷災、血光、爭鬥不停，是非很多。

身宮在福德宮有天相星時，表示其人很愛享福，又有福星同宮，天生會處理事情，生活好安逸，你能享清福，壽命長，也會為一崇尚時髦，又知足常樂的人。有擎羊時，為『刑印』格局，會天生懦弱無用，也易有傷災、傷殘。有陀羅、火、鈴同宮時，是『刑福』格局，亦會傷殘，或帶病延年、福不全。

身宮在福德宮有天梁星時，表示你天生愛享福，你會在清閒快樂之中幫助別人，或教導別人，你天生喜歡管別人的閒事，但會為你帶來熱心的名聲。你也會天生命中有貴人，而且自己也做別人的貴人。將來你會在享福中出名。有羊、陀、火、鈴同宮，或是天梁陷落時，是『刑蔭』格局，你會不讓人管，也不想管別人閒事。所以沒有貴人。

身宮在福德宮有七殺星時，表示你天生愛享福，但也天生無福可享，你是個內在性格凶的人，會很勞碌，做如婢如僕的工作，專門侍候人，因七殺又落在身宮，故會早夭短壽。再有羊、陀、火、鈴同宮時，有意外爭鬥凶死死之災。

身宮在福德宮有破軍星時，表示天生愛享福，但忙碌而不能享福，一生辛勤努力，做人嚴謹，絲毫沒有放輕鬆過的人，有羊、陀、火、鈴、劫空同宮時，小心有短命之虞，易有傷災、傷殘現象。

身宮在福德宮有祿存星時，表示天生愛享福，但命裡福不多，你會保守、勞碌、孤獨、孤寒、吝嗇，人緣不佳，但會有自己的衣食之祿賴以生存。有火、鈴劫空同宮時，為『祿逢沖破』，會更窮、不富裕。身宮在福德宮又有祿存星的人，是本命財少，只靠命理一丁點財而生存下來的人。易天生就是養子命，或寄生於他家，二姓延生，或是遇災難而留下來獨自生存的人。如果再有火、鈴沖破，則命也不長，下次災禍就會滅亡夭傷了。

身宮在福德宮，有擎羊獨坐時，表示天生愛享福，但會享不到福，或是會以勞碌、辛苦，忙不完是一種幸福，好動、不好靜。你天生勞碌奔波，對自己刻薄，天生有刑星刑剋你的腦子和精神，所以你會和別人想法不一樣，會做事很勤快，天生是忙起來才有成就感的人，因為你的命宮會有陀羅，所以你會自以為是，不太聽別人的意見，有些事白做了，你也不知道。因此你也常忙一些沒有意義之事，對自己的成就前途毫無幫助。當身宮為福德宮又有擎羊時，你天生是為人做幫手、助理、下人、傭人、奴僕的料，而且只能做這些事你才有多一點的財祿和好運機會。因此你是靠人提攜，因人而貴的人。你也易有傷災、傷殘現象，短壽，一生過的生活不好、貧窮、雜亂、孤獨、不善終。

身宮在福德宮，有陀羅獨坐時，表示你天生愛享福，根本不想為其他的事努力，你會有駝背縮腰的體型。會孤單、棄祖、二姓延生，做人養子，或入贅他家，有巧藝來生存。此命格的人不能在出生地久居，易惡死。須到外地發展為吉。此命女子，外虛內狠，六親不和，無廉恥之心，凌夫剋子，會偷偷躲起來，遺棄家庭子女。有此身福者，亦長期不開朗，有憂鬱症。且易住在墳墓旁，或亂石崗附近，本身刑剋六親，多是非、頑固，容易犯小人，一生煩惱多，又不願意說出來，有意外傷災、牙齒和手足的血光、勞碌、財少，不富足，也會孤獨、不善終。

身宮在福德宮，有火、鈴獨坐時，表示你是天生愛享一些奇怪的福氣，你會特別聰明，毛髮多異相，有麻面或傷殘現象。會刑剋六親，幼年不好養，會二姓延生，或過繼，或重拜父母為佳，女命居陷時，亦會外虛內狠，一生多是非、下賤、邪淫、不正派，也會沒用沒成就。身福有火、鈴皆勞碌，好爭、有禍端，容易有火傷、燙傷、車禍，易不善終，也無法真正享到福。

身宮在福德宮，有天空、地劫時，表示其人愛享福，但頭腦空空，又不知該享什麼福，只是呆呆的待在家裡，也不和別人連絡，凡事提不起興趣，做事也做不久，一生孤獨飄泊，只宜僧道或做修道之人。其人心情會起伏，易敗財，不會理財，入不敷出。其人也容易有精神疾病，有憂鬱症，身宮在福德宮又逢空、劫時，是本命福少、財少了，其靈魂是飄浮、不穩定的，因此容易遇災而亡。

身宮在福德宮有化忌星同宮時，要看化忌的主星為何？也要看化忌的旺弱才行。這表示你天生愛享福，但福氣不佳，會有一些古怪不順的情形。例如有**太陽化忌**時，居旺，是事業古怪、有問題，和男性的溝通有問題，天生會受男性排斥。居陷時，自己天生不愛工作，又愛享福，因此會把吃喝玩樂來當工作，但天生也不開朗、不快樂，也會錢少，或靠人生活。有**太陰化忌**時，居旺時，天生愛享一點財福或愛談戀，但財福和戀愛都不順，未來會為此煩惱多，一生不開朗。有**廉貞化忌**時，是天生愛享桃花的福，但桃花變色，又有官非、血光，因此享不到福。有**巨門化忌**時，天生頭腦混亂，愛享口福或口才之福，但多是非災禍，口福也古怪、不好，也容易煩惱鬱悶，心境不開朗。有**天機化忌**時，表示你天生會自做聰明，自找煩惱，搞的自己運氣不好，愛享福而享不到，會很操勞，易有災，刑剋，會離祖、離宗，二姓延生。有**文昌化忌**時，表示你天生愛享福，但計算能力很差，很勞碌，有時根本是吃虧的，沒享到福的，你也會糊塗而自以為已享到福。有**文曲化忌**時，表示天生愛享福，但桃花及口才、才華都不佳，人緣不好，以致易孤寂而享不到福。有**武曲化忌**時，天生愛享福，但命中財不順，有錢財困擾，也天生本命窮困，會一直用不正常的方式借貸來享到福，最後易為錢自殺或被殺，亦會有車禍，或為金器所傷。有**貪狼化忌**時，表示天生人緣關係不佳，也會好運機會受到刑剋。更會貪心貪不好東西，會把自己搞得無路可走。易煩惱，又說不出煩什麼，是刑剋自己而苦。

身宮在福德宮有文昌或文曲同宮時，有文昌單星居旺時，表示天生愛享福，還會享高級、精緻、有文化素養的福，一生快樂舒適，但人生不一定有成就。有文昌居陷時，愛享粗俗的福，例如吃喝、性愛之流。

有文曲單星居旺時，表示天生愛享熱門、有才華、桃花多、浪漫氣氛好的福，你會天天參加宴會，或做演藝之事業，藝術舞蹈、歌舞昇平，你是會天生就快樂可愛無憂的人。居陷時，你會孤獨、沒人緣、沒才華，悶在家中煩惱不已。

有昌曲並坐丑、未宮為身宮又是福德宮時，表示天生愛享福，是『玉袖天香』格，你會天生以桃花淫慾為享福的方式，會靠人吃飯生活，因此你會給人做小、做妾，給人包養，或為人做性服務維生，就如此過了一生。

如果再有擎羊及火星同宮時，表示天生愛享福，是做娼妓，做妾的料，命格下賤，但淫福也享不久，又會因桃花而有災、短命或刑剋受傷，人生也會再孤獨。

身宮在福德宮有左輔、右弼同宮時，有左輔單星獨坐

時，表示其人愛享福，但會靠別人才能享到福，其人自出生時，會不正，有離宗（做養子）、改姓（隨母姓或過繼改姓）或庶出（中途認祖、歸宗）。其人幼年也易在別人家長大，未來會靠人貴顯。

有右弼單星獨坐時，表示其人愛享福，會靠別人才能享到福。其人出生時易不正，有離祖、改姓，二姓延生、隨母改嫁、庶出，過繼之狀況，或幼年在別人家養大。會靠別人而貴顯，或靠姻親帶故而發達。

有左輔、右弼同坐於身宮又是福德宮時，表示天生愛享福，又喜享桃花之福，以桃花淫慾為享福方式，和人有性關係，而得以有賺錢或討生活的機會，也算是因人而貴，一生無大成就，只是能生活有飯吃而已。

身宮在福德宮為空宮無主星時，表示天生愛享福，但內心

▼對你有影響的『身宮、命主、身主』

空茫，不知如何享？也不知該享些什麼福？會常發呆，易說廢話。此種現象是本命財福少，八字中財官皆不明顯。其人的靈魂又常飄浮不定，因此容易遇災，或走路時恍恍忽忽、注意力不集中，又懶惰，又不知自己真正想要的是什麼？

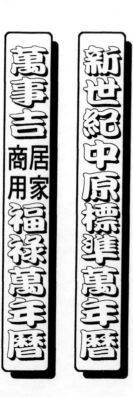

第十一章　何謂『命主』？『命主』的意義及看法

在紫微命盤排盤作業中，最後你都會看到『命主』與『身主』這兩項標示，大家也都很莫名其妙？不知此二者有何用？為何要加上這兩個項目呢？又有何意義呢？

先講『命主』是如何形成的

命主的形成，是有一個『命主盤』，如下：

武曲 巳	破軍 午	武曲 未	廉貞 申
廉貞 辰	命主盤（以命宮所在宮位來排之）		文曲 酉
文曲 卯			祿存 戌
祿存 寅	巨門 丑	貪狼 子	巨門 亥

在原始的十二地支宮（又稱十二地盤）中的每一個宮位都代表不同之意義。例如它們代表季節（春夏秋冬），代表五行（木火金水土），代表十二個月份的變化，代表太陽運行的角度，亦代表每個人運氣運行的軌跡與旺弱。十二個地盤宮位，更各自代表了每一宮位在其所掌管主事之事的演化過程與原理。

在十二地支宮中，每一個宮位有特定的星曜做為『值宮星曜』，專司管轄該宮之事。我們可由每一宮位所代表之值宮星宿，體認出：原來你的生命特質是這樣的！也原來生命在宇宙中早有定數，全都已經排列好了，只等你去應用他們了。也原來天地間的循環過程是這樣的一個關係！生命從何而來？就從命主盤上所值星宿而來。

命主盤的值宮星曜，是以北斗星曜所組成的，也是以北斗星曜做為十二宮之主宰。命宮在子宮，你的命主是『貪狼』，貪狼是子宮的主宰。命宮在丑宮，由巨門主宰，命主是巨門。命宮在寅宮，由祿存主宰，命主是祿存。命宮在卯宮，以文曲為主宰，命主是文曲。命宮在辰宮，由廉貞主宰，命主是廉貞。命宮在巳宮，由武曲主宰，命主是武曲。命宮在申宮，由廉貞主宰，命主是廉貞。命宮在酉宮，由文曲主宰，命主是文曲。命宮在戌宮，由祿存主宰，命主是祿存。命宮在亥宮，由巨門主宰，命主是巨門。

有一個『安命主』的歌訣，較簡單記憶：

貪狼子宮，巨門亥丑宮，祿存寅戌宮，文曲卯酉宮，破軍午宮，廉貞申辰宮，武曲未巳宮。

命主在十二宮之意義

子宮：以**貪狼星**為主宰。貪狼屬木，是種子。貪狼也是慾念之開端，屬於生的慾念，行動的慾念，發起的慾念。因此坐命子宮的人，命主為貪狼，皆有衝動、貪念較多的特質。

丑宮：以**巨門星**為主宰。巨門屬水，在土宮，有混沌不清，形狀不明，還是雛形，必須再經過塑造才能成相的階段，因此這是個混亂的階段。坐命丑宮的人，命主為巨門，也皆有命程起落大，是非較多的問題。

寅宮：以**祿存星**為主宰。祿存是已稍具形體，有生命力，但是稚嫩的生命，一切都還在初生的階段。像是初生的嬰兒，需要父母的照顧，因此他們是只能吸收，還無法付出的。

坐命寅宮的人，命主為祿存，也會有從外面環境中獲得的較多，而自身對外界付出的較少的特質。

卯宮：以**文曲星**為主宰。文曲屬水，在卯宮得以養木，代表接受教育，從無知而至開化的階段。這個階段正像小學生一樣，尚無法用教育中所得來的知識加以應用。

坐命卯宮的人，命主為文曲，皆有性情開朗、快活，喜歡學習、愛表現，喜歡向外發展人緣、探求知識的特質。

辰宮：以**廉貞星**為主宰。廉貞屬火，在土宮相生。代表在學習了無數經驗之後，再加以思考、變通，重新創造出新的知識和可資利用的成就出來。

坐命辰宮的人，命主為廉貞，皆有老謀深算、沈靜多思慮，勇於企劃協調的能力。

巳宮：以**武曲星**為主宰。武曲屬金，巳宮巳土生金。代表經過上面用腦的階段以後，便可以得到財富和權力了。武曲是財星，也主權力、武力。這個階段所代表的人生已經成熟了。坐命巳宮的人，命主為武曲。皆有為財富奔波，為權謀奮力的特質。

午宮：以**破軍星**為主宰。破軍屬水，午宮火旺，故有水火相剋。代表著雖已有財富了，但是為了保衛自己的財富和要競爭得到更多的財富，而須不停的戰鬥。在戰鬥中也會造成更多的毀壞、破敗。

坐命午宮的人，命主為破軍，皆有奮鬥不懈的精神，敢於開拓、創造。但同時也具備浪費、破財的缺點。

未宮：以**武曲星**為主宰。在經過一連串的戰鬥、破壞之後，成功的領導者於是出現，掌有權力和財富，成為強者。此階段屬於人的壯年的時期。

坐命未宮的人，命主為武曲，皆有為人強悍、固執、喜掌權、為人自傲的特質。

申宮：以**廉貞星**為主宰。代表在經過戰鬥、破壞之後，必須加以彌補與建設，這些就必須經過嚴密的計劃與籌謀才可達成。因此要建立領導者的統治力量，也必須有管理他人的約束力，這些都屬於運用智謀再創權力與財富高峰的階段。

坐命申宮的人，命主廉貞。皆有足智多謀、愛管事，對財富、權力的問題特別關心的特質。

酉宮：以**文曲星**為主宰。酉宮代表的是秋收的季節，整個形式已穩定，財富需要分配，權力需要分擔，因此需要文治武功來幫忙將成果分給眾人。此階段較重視把文明的發展更精緻化。坐命酉宮的人，命主文曲。皆是精於算計，有特殊才能，喜歡用文筆做事的人。

戌宮：以**祿存星**為主宰。戌宮是庫宮。將祿存財星典藏於庫，是代表已經收獲的階段了。把財富藏在家中以便休息。

命坐戌宮的人，命主祿存。皆是主富之人，而且精於計算點數。並且是能積蓄致富之人。

亥宮：以**巨門星**為主宰。亥宮屬水，並以水為財。此階段代表，人在富有之後，就會引起別人的不滿干涉，非要加以強制評斷，形成是非干擾，這是一種清算財富，誰多誰少的階段。當然同時也產生了是非混亂。

命坐亥宮的人，命主巨門，皆常有無端混入別人的是非當中的情況，一同吵個不停，但最後自己也弄不清為什麼會被牽入其中。

『命主』看法的應用

當我們在看一張命盤的時候，大家首先會去看命宮主星是什麼，來瞭解他的性格狀況、好命的特質，但是命宮主星相同的人，但命宮所處宮位不一樣，而管轄該宮位的主星不同，也就是命主不一樣，其人生目標和結果就也完全不一樣了。例如廉相坐命的人，會坐於子宮或午宮，而廉相坐命子宮的人，命主是是貪狼，其人較好貪，有『貪』的慾念、衝動，一生也好運、貪得到較多。而廉相坐命午宮的人，其命主是『破軍』，人生要不的競爭、戰鬥、破耗、開拓、創造，再浪費、毀滅，所以是在一個努力得到、又消耗失去的循環中生活。當你瞭解這些特性之後，在命盤上看到命主值星，便能一目瞭然的將此人命格的特性簡要的一語道破了。這也是『命主』的看法及用法。

▽第十一章　何謂『命主』？『命主』的意義及看法

▽ 對你有影響的『身宮、命主、身主』

第十二章　何謂『身主』？『身主』的意義及看法

在紫微斗數中，『身主』代表其人先天生命資源的內涵。也告訴你：你的生命力主要在那一個方面？而且生命的進化過程已到了那一個階段？生命力是強？是弱？還是在病位？還是能享福主壽呢？還是具有智慧靈通？我們能由其人的『身主』來看到此生命或靈魂的重要訊息，能瞭解到此生命是應合到宇宙中的生、老、病、死中的那一個階段了，藉此觀察出生命力的強弱。

身主在斗數中，是以出生年（十二地支年）來排定的，以南斗

▼對你有影響的『身宮、命主、身主』

星曜為值宮星曜的，也是將南斗星曜分佈於十二地支宮中來代表不同意義。

南斗星曜主『生、老、病、死』其過程和宇宙中任何一個星球的生老病死之過程是一樣的，『生、老、病、死』是生命進化過程中的一個循環公式。我們每個人的生命力和靈魂價值在這個生命進化循環過程中，能以『身主』值星，以一言而以概之。請看『身主盤』！

天機 巳	火星 鈴星 午	天相 未	天梁 申
文昌 辰	身主盤	（以命宮所在宮位來排之）	天同 酉
天同 卯			文昌 戌
天梁 寅	天相 丑	火星 鈴鈴 子	天機 亥

『安身主』訣

子午人火鈴星　丑未人天相星　寅申人天梁星
辰戌人文昌星　巳亥人天機星　卯酉人天同星

子年、午年生人，身主為火星、鈴星（大多以火星安之）。丑年、未年生人，身主為天相。寅年、申年生人，身主為天梁。辰年、戌年生人，身主為文昌星。巳年、亥年生人，身主為天機。卯年、酉年生人，身主為天同星。

『身主』值星的意義

㈠代表『人』的是天府星（身主值星以天府為代表整個的人）

天府星代表人整個的軀體，這個軀體包括了健全的四肢，包括了財富，包括了生財、養財的能力等等。人的軀體就好像房子一樣，裡面可裝很多的東西。因此天府星是田宅主，是財庫星，也代表人整個的身體。

(二)代表『精神』的是天機星

天機星代表人的精神、智慧，讓人的整個軀體擁有靈性，有聰敏度，可以經由學習得到智慧。

(三)代表『內涵文化氣質』的是文昌星

文昌星代表人的內涵氣質與文化素養，這是由人的靈魂深處所隱藏及續發出來的氣質及因素的，身主值星為文昌星時，表示是正在蘊育著內涵氣質，雖不一定蘊育成功，但正在蘊育著，其人內心就很注重氣質之事。

㈣主『生』是天同星

天同是福星，代表稚嫩的生命，是生命剛開始，有如嬰孩一般，處處受人疼愛，到處受到照顧，而自己不必付出。天同能解厄制化，生命自然成長，故天同主『生』。

㈤主『老』的是天梁星

天梁是蔭星，也是壽星。在生命到了一定的年紀，就會開枝散葉，也會有一定的成就。任何事物到了成熟階段，便會累積成果，福蔭他人，這就是『老』的特性。

天梁也主壽，是長久的意思。可以把『人』這個軀體延長得久一點。

㈥主『病』的是火、鈴二星

無論任何事物或生命，在成長、延續的過程裡都會有暫時停止、不前進或可能導致結束生命的問題，這些統稱為『病』。在人的身體上，以火鈴為病。而以天相為醫生，可以制病為善，使病消除，讓生命轉危為安。

天相能制火鈴之惡而為善，天相有服務大眾的精神，不但在命理中為醫生，能醫火鈴凶星之惡。真正天相坐命的人，實際上也多會從事醫生、法官、律師等行業服務人群的。

㈦主『死』的是七殺星

七殺星主刑剋、天亡，也是將星，掌生殺大權。七殺星是中天斗星，他的方位在火星、天相星的外側，並保持一段距離。因此這顆主『死』的七殺星並不是會一下子就侵犯過來。七殺是凶星，通常命格強勢的人，主掌有生殺大權。而命格較弱勢的人，則會因火鈴的助虐而刑剋夭亡。

『身主』看法的應用

當我們從命盤上看到其人的『身主』為何星當值時，其實我們就會很清楚的瞭解到此人生命已進化到那一個過程了。而且知道這個人天生的問題是什麼？

例如前一章舉例廉相坐命者，命主為貪狼，好貪又有好運，若又是生肖屬虎的（寅年生者），身主為天梁，則此人容易有名聲、有成，也有蔭庇，有貴人運，是人生到了成熟階段，能得良好果實來享用。（此為陳水扁總統的命主與身主）

倘若是廉相坐命者為馬年生人，身主為火星時，其人的生命值星在『主病』的位置，其人會壽不長。雖天相能醫火、鈴之病，但其生命體仍是不強健的，亦要小心突發的病症。

你的財要怎麼賺

$一元起家能買空賣空的命格

法雲居士⊙著

景氣不好、亂世，就是創業的好時機！
創業也會根據你的命格型態，
有不同的創業方式及行業別，
能不能夠以『＄一元起家』，
輕鬆的創業，或做『買空賣空』的行業，
其實早已命中註定了！
任何人都可以運用自己的運氣來尋找
財富，掌握時間點就能促成發富的績效。
新時代創業家是一面玩、
又一面做生意賺錢的快活族！

納音五行姓名學

法雲居士⊙著

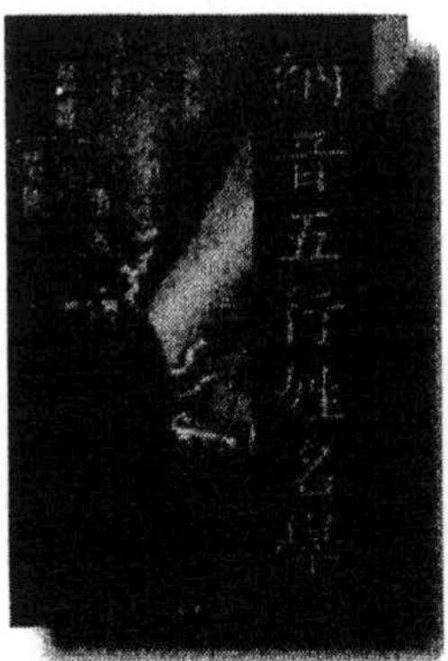

一般坊間的姓名學書籍多為筆劃數取名法，這是由國外和日本傳過來的，與中國命理沒有淵源！也無法達到幫助人改善命運的實質效果。

凡是有名的命理師為人取名字，都會有自己一套獨特方法，就是--納音五行取名法。

納音五行取名法包括了聲韻學、文字原理、字義、聲音的五行來配合其人的命理結構，並用財、官、印的實效能力注入在名字之中，從而使人發富、圓通而有所成就。納音五行的運用，並可幫助你買股票、期貨及參加投資順利。

現今已是世界村的時代，很多人在小孩一出世時，便為子女取了中文名字、英文名字及日文名字，因此，法雲老師在這本書將這些取名法都包括在此書中，以順應現代人的需要。

旺運寵物命相館

法雲居士⊙著

這是一本談如何為寵物算命的書。

每個人都希望養到替自己招財、招旺運的寵物，運氣是『時間點』運行形成的結果。

人有運氣，寵物也有運氣，如何將旺運寵物吸引到我們人的磁場中來，將兩個旺運相加到一起，使得我們人和寵物能一起過快樂祥和的日子。

讓人和寵物都能相知相惜，彷佛彼此都找對了貴人一般，這就是本書的目的。這本書不但教你算寵物的命，也讓你瞭解自己的命，知己知彼，更能印證你和寵物之間的緣份問題。

偏財運風水大解析

法雲居士⊙著

偏財運風水就是『暴發運風水』！
偏財運風水格局與一般風水不同，

好的偏財運風水格局會使人發富得到大富貴，邪惡的偏財運風水格局會使人泯滅人性，和黑暗、死亡、悽慘事件有關。
人人都希望擁有偏財運風水寶地，但殊不知在偏財運風水之後還隱藏著不為人知的黑暗恐怖面。
如何運用好的偏財運風水促使自己成就大富貴，而不致落入壞的偏財運風水的陷阱中，這就是一門大學問了。

法雲老師運用很多實例幫你來瞭解偏財運風水精髓，更會給你最好的建議，讓你促發，並平安享用偏財用所帶來的富貴！

算命智慧王

法雲居士⊙著

《算命智慧王》一書的內容主要是將算命此行業的業務內容做一規範作用，好讓銷費者與卜命業者共同有一可遵循的模式，由此便能減少紛爭。世界上愛算命的人口多，但只喜歡聽對自己有利之事，也只喜歡聽論命者說自己是富貴命，常有命相師會投其所好而斷之，等到事情沒有應驗而又怨之。此書讓大家了解算命該怎麼算？去問問題該問些什麼？究竟命理師該告訴你些什麼呢？如果算命結果不如你願時還要不要再繼續找人算呢？有關算命的問題都在這本書中會找到答案。

暴發智慧王

法雲居士⊙著

大家都希望自己很聰明，大家也都希望自己有暴發運。實際上，有暴發運的人在暴發錢財的時間點上，也真正擁有了超高的智慧，是常人所不及的。

這本『暴發智慧王』，就是在分析暴發運創造了那些成功人士？暴發運如何創造財富？如何在關鍵點扭轉乾坤？

人可能光有暴發運而沒有智慧嗎？

如何才能做一個真正的『暴發智慧王』？

法雲老師用簡單明確、真實的案例詳細解釋給你聽！

時間決定命運

法雲居士⊙著

在人的一生中，時間是十分重要的關鍵點。好運的時間點發生好的事情。壞的時間點發生凶惡壞運的事情。天生好命的人也是出生在好運的時間點上。每一段運氣及每件事情，都常因『時間』的十字標的，與接合點不同，而有大吉大凶的轉變。

『時間』是一個巨大的轉輪，每一分每一秒都有其玄機存在！法雲居士再次利用紫微命理為你解開每種時間上的玄機之妙，好讓你可掌握人生中每一種好運關鍵時刻，永立於不敗之地！

投資煉金術

法雲居士⊙著

『投資煉金術』是現代人必看的投資策略的一本書。所有喜歡投資的人，無不是有一遠大致富的目標。想成為世界級的超級富豪。但到底要投資什麼產業才會真正成為能煉金發財的投資術呢？

實際上，做對行業、對準時機，找對門路，則無一不是『投資煉金術』的法寶竅門。法雲居士用紫微命理的角度，告訴你在你的命格中做什麼會發？做什麼會使你真正煉到真金！使你不必摸索，不必操煩，便能成功完成『投資煉金術』。

紫微命格論健康

上、下冊

法雲居士⊙著

陰陽五行自古以來就是命理學和中國醫學的源頭及理論的重要依據。

命理學和中醫學運用陰陽五行做為一種歸類和推演的規律，運用生剋制化的功能，來達到醫治、看病、養生的效果。因此命理學和中醫學既是相通的，又是同出一源的。

上冊談的是每個命格在健康上所展現的現象。

下冊談的是疾病因命格不同所產生的理論問題。

教您利用流年、流月、流日來看生理狀況和生病日。以及如何挑選看病、開刀，做重大治療的好時間與好方位，提供您保養身體與預防疾病的要訣。

紫微斗數自最能掌握時間要素的命理學。生命和時間有關，能把握時間效應，就能長壽。此書能教您如何保護生命資源，達到長壽之目的。

萬事吉商用居家福祿萬年曆

法雲居士⊙著

除了萬年曆，內容還包括了：

(1)紫微斗數手算法

(2)十二生肖和西洋星座交織的命運

(3)每日財喜吉貴財神方位

(4)賺錢致勝大秘訣

(5)快速增旺運法

(6)如何 DIY 為自己改運

(7)最新改運、增運小秘方

紫微姓名學

法雲居士⊙著

『紫微姓名學』是一本有別於坊間出版之姓名學的書。

我們常發覚有很多人的長相和名字不合，

因此讓人印象不深刻，

也有人名字意義不雅或太輕浮。

你的財要怎麼辦？人生的路要怎麼走？

完全在於自己的人生架構和領會之中，

法雲居士利用紫微命理為你解開了這個人類命運的方程式，

劈荊斬棘，為您顯現出你面前的財路，

你的財要怎麼賺？盡在其中！

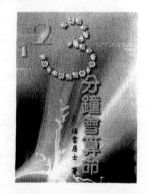

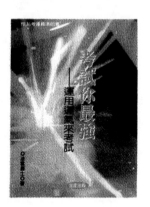

紫微攻心術

法雲居士⊙著

『紫微攻心術』是一本用中國固有的心理戰術，再加上紫微命理的對人性的分析，兩者相結合來觸動人心繼而相輔相成，達到你我雙方都雙贏的一本書。

『攻心術』一向在中國都是兵家最高層次的應用手法。現代人在不景氣的時運中想要突出重圍，努力生存及生活，其實也是和大環境及當前的生活模式做一番戰鬥，因此在變化異常的景氣寒冬中，對人際關係及職業賺錢的攻心術則不能不多通曉及努力學習了！

最先知曉及能運用『攻心術』的人，將是一手掌握商場天下之情勢的人。

紫微命理子女教育篇

法雲居士⊙著

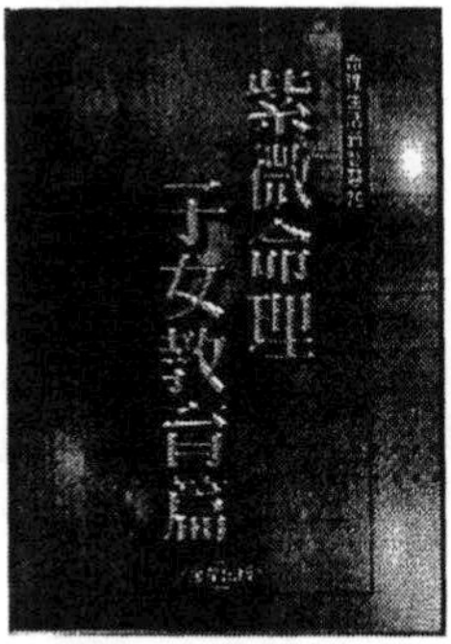

《紫微命理子女教育篇》是根據命理的結構來探討小孩接受教化輔導的接受度，以及從命理觀點來談父母與子女間的親子關係的親密度。

通常，和父母長輩關係親密的人，是較能接受教育成功的有為之士。

每個人的性格會影響其命運，因材施教，也是該人命運的走向，故而子女教育篇實是由子女的命格已先預測了子女將來的成就了。

紫微格局看理財

法雲居士⊙著

『理財』就是管理錢財，必需愈管愈多！因此，理財就是賺錢！每個人出生到這世界上來，就是來賺錢的，也是來玩藏寶遊戲的。每個人都有一張藏寶圖，那就是您的紫微命盤！一生的財祿福壽全在裡面了。同時，這也是您的人生軌跡。玩不好藏寶遊戲的人，也就是不瞭解自己人生價值的人，是會出局，白來這個世界一趟的。因此您必須全神貫注的來玩這場尋寶遊戲。『紫微格局看理財』是法雲居士用精湛的命理推算方式，引領您去尋找自己的寶藏，找到自己的財路。並且也教您一些技法去改變人生，使自己更會賺錢理財！

使你升官發財的『陽梁昌祿』格

法雲居士⊙著

在中國命理學中，『陽梁昌祿』格是讀書人最嚮往的傳臚第一名榮登金榜的最佳運氣了。從古至今，『陽梁昌祿』格不但讓許多善於讀書的人得到地位、高官、大權在握，位極人臣。現今當前的世紀中也有許多大老闆大企業家、大企業之總裁全都是具有『陽梁昌祿』格的人，因此要說『陽梁昌祿』格會使人升官發財是一點也不假的事實了。但是光有『陽梁昌祿』格卻錯過大好機會而不愛唸書的人也大有其人！要如何利用此種旺運來達到人生增高的成就，這也是一門學問值得好好研究的了。聽法雲居士為你解說『陽梁昌祿』格的旺運成就方法，同時也檢驗自己的『陽梁昌祿』格有無破格或格局完美度，以便幫自己早早立下人生成大功立大業的壯志。

如何觀命・解命
如何審命・改命
如何轉命・立命

法雲居士⊙著

古時候的人用『批命』，是決斷、批判一個人一生的成就、功過和悔吝。

現代人用『觀命』、『解命』，是要從一個人的命理格局中找出可發揮的潛能，來幫助他走更長遠的路及更順利的路。

從觀命到解命的過程中需要運用很多的人生智慧，但是我們可以用不斷的學習，就能豁然開朗的瞭解命運。

一般人從觀命開始，把命看懂了之後，就想改命了。命要怎麼改？很多人的看法不一。改命最重要的，便是要知道命格中受刑傷的是哪個部份的命運？再針對刑剋的問題來改。

觀命、審命是人生瞭解命運的第一步。知命、改命、達命，才是人生最至妙的結果。

這是三冊一套的第三本書，由觀命、審命，繼而立命。由解命、改命，繼而轉運，這其間的過程像連環鎖鏈一般，是缺一個環節而不能連貫的。

常常我們會對人生懷疑，常想：要是那一年我做的決定不是那樣，人生是否會改觀了呢？您為什麼不會做別的決定呢？這當然有原因，而原因就在此書中！

對你有影響的

府相同梁

上、下冊

法雲居士⊙著

對你有影響的『府相同梁』這本書分上、下兩冊，上冊主要以天府、天相兩顆為主題。下冊則以天同、天梁這兩顆星為主題。

天府、天相、天同、天梁這四顆星，表面看起來性質很接近，其實內在含意各自大不相同。這四顆星在人類的命運中也各自擔負起不同的角色和任務。因此『府相同梁』在命理中不但是命格的名稱，同時也是每個人之福、祿、壽、喜、財、官、印之等等福氣的總和。您若想知道自己一生真正的福祿有多少？真正能享受的財祿、事業有多高，此書將提供您最好的答案！

對你有影響的

昌曲左右

法雲居士⊙著

在每個人的命格之中，文昌、文曲、左輔、右弼都佔有重要的位置。昌曲二星不但是主貴之星，也直接影響人的相貌、氣質和聰明度，更會為你的人生帶來不同的變化和創造不同的人生。

左輔、右弼是兩顆輔星，助善也助惡，在你的命格中，到底左輔、右弼兩顆星是和吉星同宮還是和凶星同宮呢？到底左右兩星有沒有真的幫忙到你的人生呢？

星曜特質系列包括：『殺、破、狼』上下冊、『羊陀火鈴』、『十干化忌』、『權、祿、科』、『天空地劫』、『昌曲左右』、『紫、廉、武』、『府相同梁』上下冊、『日月機巨』、『身宮和命主、身主』。此套書是法雲居士對學習紫微斗數者常忽略或弄不清星曜特質，常對自己的命格有過高的期望或過於看輕的解釋，這兩種現象都是不好的算命方式。因此以這套書來提供大家參考與印證。

對你有影響的

日月機巨

上、中、下冊

法雲居士⊙著

在每個人的命盤中都有太陽、太陰、天機、巨門四顆星，這四顆星在人命格中具有和前程、智慧、靈敏度、計謀、競爭、感情，以及應得的故定財祿有關的主導關係。

其實你也會發現這四顆星，不但一起主宰了你的情緒智商，同時也共同主宰了你的前途命運及一生富貴。

中冊講的是太陰星在人生命中之重要性。太陰代表人的質量，代表人本命的財，也代表人命中身宮裡靈魂深處的東西。

太陰更代表你和女人相處的關係，以及你一輩子可享受的錢財，因此對人很重要！太陰又代表月亮，因此月球對地球的關係也對地球上的每個人有極大的影響力。

下冊講的是天機星和巨門星在人的生命中之重要性。

天機代表智慧、聰明和活動的動感，以及運氣升降的方式和速度。

巨門代表人體上出入口之慾望，也代表口舌是非，巨門是隔角煞，是人生轉彎處會絆礙你的尖銳拐角。天機與巨門主宰人命運的成功與奮發力，對每個人也有極大的影響力！

星曜特質系列包括：『殺、破、狼』上下冊、『羊陀火鈴』、『十干化忌』、『權、祿、科』、『天空地劫』、『昌曲左右』、『紫、廉、武』、『府相同梁』上下冊、『日月機巨』、『身宮和命主、身主』。

此套書是法雲居士對學習紫微斗數者常忽略或弄不清星曜特質，常對自己的命格有過高的期望或過於看輕的解釋，這兩種現象都是不好的算命方式。因此以這套書來提供大家參考與印證。

李虛中命書詳析

法雲居士⊙著

《李虛中命書》又稱《鬼谷子遺文書》，在清《四庫全書・子部》有收錄，並做案語。此書是中國史上最早一本有系統的八字命理書，也成為後來『子平八字』術改變而成的發展基石。

此書中對干支的對應關係、對六十甲子的祿、貴、官、刑有非常詳細的討論，以及納音五行對本命生、旺、死、絕的影響，皆是命格主貴、主富的關鍵要點。子平術對其也諸多承襲其用法。

因此，欲窮通『八字』深奧義理者，必先熟讀此書中五行納音及干支間之理論觀念。因此這本『李虛中命書』也是習八字之敲門磚。

法雲居士將此書用白話文逐句詳解其意，並將附錄之四庫編纂者所加之案語一併解釋，俾能使讀者更加領會其中深奧之意。

簡易實用靈卦・易學

法雲居士⊙著

卜卦是一個概率問題，也十分科學的，當人在對某一件事情執著的時候，又想預知後果，因此就需要用卜卦來一探究竟。任何事務都無法脫離時間和空間而存在。紫微和八字的算運氣法則，是先有時間再算空間，看是在什麼樣的時間點走到什麼樣的空間去！卜卦多半是一時興起而卜卦的，因此大多數的時間和空間都是未知數，再加上物質運動的變化，隨機而動的卜卦才會更靈驗！

卜卦必須要懂得易經六十四卦的內容與代表意義。

法雲老師用簡單易懂的方法教你手卦、米卦、金錢卦、梅花易數的算法，讓你翻翻書就立刻知道想要知道的結果！

對你有影響的

權、祿、科

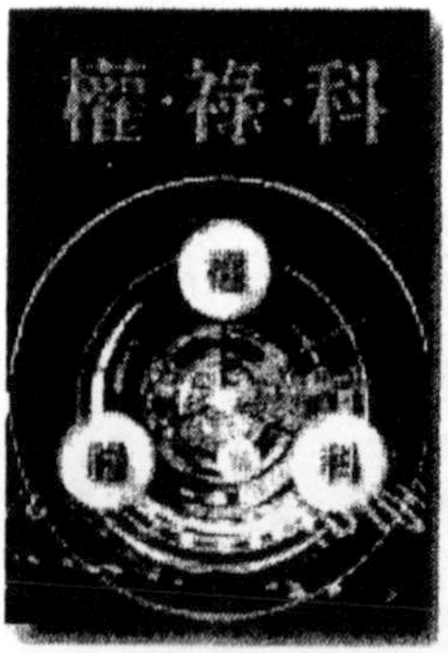

法雲居士⊙著

在每一人的生命歷程中，都會有能掌握一些事情的力量，對某些事情能圓融處理的力量。又有某些事情是使你頭痛，或阻礙你、磕絆你的痛腳。這些問題全來自出生年份所形成的化權、化祿、化科、化忌的四化的影響。『權、祿、科』是對人有利的，能促進人生進步、和諧、是能創造富貴的格局。『權、祿、科』的配置好壞就是能決定人生加分、減分的重要關鍵所在。

星曜特質系列包括：『羊陀火鈴』、『十干化忌』、『殺、破、狼』上下冊、『權、祿、科』、『天空地劫』、『昌曲左右』、『紫、廉、武』、『府相同梁』上下冊、『日月機巨』、『身宮和命主、身主』。

此套書是法雲居士對學習紫微斗數者常忽略或弄不清星曜特質，常對自己的命格有過高的期望或過於看輕的解釋，這兩種現象都是不好的算命方式。因此以這套書來提供大家參考與印證。

對你有影響的

紫、廉、武

法雲居士⊙著

在每個人的命盤中，都有紫微、廉貞、武曲三顆星，同時這三顆星也具有堅強的鐵三角關係，會在三合宮位中三合鼎立著，相互拉扯，關係緊密、共同組織、架構了你的命運。這也同時，紫微、廉貞兩顆官星和武曲一顆財星，也共同主宰了你的命運！當命盤中的紫、廉、武有兩顆以上居旺時，你的人生就會富足的多，也事業順利、有成就。如果有兩顆以上都居平、陷之位時，則你人生中的過程多艱辛、窮困、不太富裕。要看命好不好？就先從你命盤中的這三顆星來分析吧！

這部套書是法雲居士對於學習紫微斗數者常忽略或弄不清星曜特質，常對自己的命格不是有過高的期望，就是有過於看低自己命格的解釋，這兩種現象都是不好的算命方式。因此，以這套書來提供大家參考與印證。